Betriebliche Gesundheitsförderung

Der Praxisguide für Unternehmen

1. Auflage 2018

Autor: Tobias Suntinger

Printed by CreateSpace, An Amazon.com Company

Lektorin: Jasmina Huskić
Coverfoto: © kalafoto / Adobe Stock | © Tiberius Gracchus / Adobe Stock

Facebook www.facebook.com/corpusmotum
Youtube www.youtube.com/c/corpusmotum
Instagram www.instagram.com/corpusmotum

ISBN 978-1-987-72493-6

Mehr Informationen: w w w . c o r p u s m o t u m . c o m

Vorwort

Die betriebliche Gesundheitsförderung gewinnt immer mehr an Bedeutung in Unternehmen. Durch die Globalisierung entsteht ein immer größerer Wettbewerb und gerade in diesen Zeiten muss ein Unternehmen auf gesunde und leistungsfähige Mitarbeiter zählen können.

Deswegen haben wir uns bei Corpus Motum überlegt, wie wir Unternehmen praxisorientiert und zielgerichtet weiterhelfen können, um die betriebliche Gesundheitsförderung zu einem fixen Unternehmensbestandteil zu machen bzw. den bestehenden Prozess im Unternehmen weiter auf die Mitarbeiter abzustimmen. Entstanden ist dieses Buch, gefüllt mit vielen praktischen Beispielen und Maßnahmen, die Ihr Unternehmen direkt weiterbringen.

Neben der Praxis erhalten Sie außerdem noch die wichtigsten theoretischen Grundlagen und lernen den ganzen Prozess der betrieblichen Gesundheitsförderung kennen.

Das Buch hilft Ihnen sowohl dabei, wenn Sie neu im Bereich der BGF sind, als auch wenn Sie sehr erfahren sind und die betriebliche Gesundheitsförderung bereits fester Bestandteil Ihrer Unternehmenskultur ist.

Ich wünsche Ihnen viel Spaß beim Lesen und Umsetzen und hoffe, dass Sie viel aus dem Buch für Ihr Unternehmen mitnehmen können!

Ihr Tobias Suntinger
Corpus Motum

Alle Formulierungen im Buch beziehen sich aus Gründen der leichteren Lesbarkeit auf beide Geschlechter.

Inhaltsverzeichnis

Betriebliche Gesundheitsförderung (BGF) | Praxisguide für Unternehmen

Die Betriebliche Gesundheitsförderung (BGF) findet immer mehr Beachtung in Unternehmen. Sie wollen auch damit durchstarten oder sind schon voll im Prozess? In diesem Buch lernen Sie den ganzen Prozess kennen, bekommen insgesamt 37 Ideen für Maßnahmen, erhalten viele wertvolle Tipps für Ihr Unternehmen und lernen 15 Best Practice Beispiele aus der ganzen Welt kennen!

Was ist betriebliche Gesundheitsförderung?

Das wertvollste Gut jedes Unternehmens sind dessen Mitarbeiter, die den Unternehmenserfolg tagtäglich beeinflussen. Sind die Mitarbeiter oft krank oder arbeiten unter gesundheitlichen Beeinträchtigungen, leidet Ihr Unternehmen unter einer schlechteren Servicequalität, Gewinnrückgängen und einem schlechten Betriebsklima. Die **Betriebliche Gesundheitsförderung** (BGF) unterstützt Sie, dies zu vermeiden und schafft ein gesundheitsförderndes Umfeld.

Betriebliche Gesundheitsförderung mag am Anfang kompliziert und der Prozess unüberschaubar klingen. Deswegen veranschaulichen wir Ihnen in diesem Buch ganz einfach Schritt für Schritt, welche Vorteile Sie aus diesem Prozess ziehen, wie dieser abläuft und wie Sie noch lange von der Gesundheit Ihrer Mitarbeiter profitieren – egal ob als kleines Einzelunternehmen, KMU oder als Großkonzern!

Eines noch vorneweg: Jeden Euro und jede Minute, die Sie in die Betriebliche Gesundheitsförderung investieren, bekommen Sie mehrfach zurück. Die Betriebliche Gesundheitsförderung bringt Ihnen deswegen bares Geld!

Was bringt Betriebliche Gesundheitsförderung dem Unternehmen?

Bei der betrieblichen Gesundheitsförderung profitiert neben dem Unternehmen auch jeder einzelne Mitarbeiter. Hier finden Sie eine Übersicht über die verschiedenen Vorteile, die Sie mit BGF bekommen.

Vorteile für Arbeitgeber:

- ➔ Senkung der Krankenstände / -kosten (laut dem iga.Report 28 können krankheitsbedingte Fehlzeiten um ein Viertel sinken)
- ➔ Steigerung der Arbeitsproduktivität
- ➔ Erhöhung der Mitarbeiterzufriedenheit
- ➔ Verringerung der Fluktuationsrate (Sie binden die Mitarbeiter an Ihr Unternehmen)
- ➔ Steigerung der Produktions- und Dienstleistungsqualität
- ➔ Bessere Kommunikation im Unternehmen
- ➔ Employer-Branding / Verbesserung des Images in der Öffentlichkeit
- ➔ Mehr Verständnis im Unternehmen untereinander und zwischen den verschieden Bereichen
- ➔ Positives Betriebsklima

In Deutschland liegen laut iga.Report 28 die Kosten für Arbeitsunfähigkeitstage bei 103 Milliarden Euro.

Vorteile für Mitarbeiter:

- ➔ Weniger Arztbesuche
- ➔ Steigerung der persönlichen Gesundheit und Leistungsfähigkeit bis ins hohe Alter
- ➔ Vermeidung von langen Krankenständen
- ➔ Mehr Lebensqualität und gesteigertes Wohlbefinden
- ➔ Mehr Vitalität im Alltag
- ➔ Jeder kann seine Gesundheit zu 80% selbst beeinflussen

Betriebswirtschaftlicher Nutzen von BGF:

- ➔ Positiver Return on Investment (ROI) – bis zu 1:3
- ➔ Jeder investierte Euro kommt mehrfach zurück
- ➔ Der positive Return on Investment wurde mehrfach durch Studien belegt. Allgemein gilt, dass die Messbarkeit von Kennzahlen (vor allem für Sie als Unternehmen) sehr schwierig ist, weil diese nicht ausschließlich vom Betrieb beeinflusst werden. Dennoch haben es aufwendige Studien geschafft zu beweisen, dass krankheitsbedingte Fehlzeiten um 25% reduziert werden können.

Nachdem Sie die positiven Effekte der betrieblichen Gesundheitsförderung und Ihren persönlichen Nutzen daraus kennen, gehen wir zum dahinter stehenden Prozess über!

Prozess der betrieblichen Gesundheitsförderung

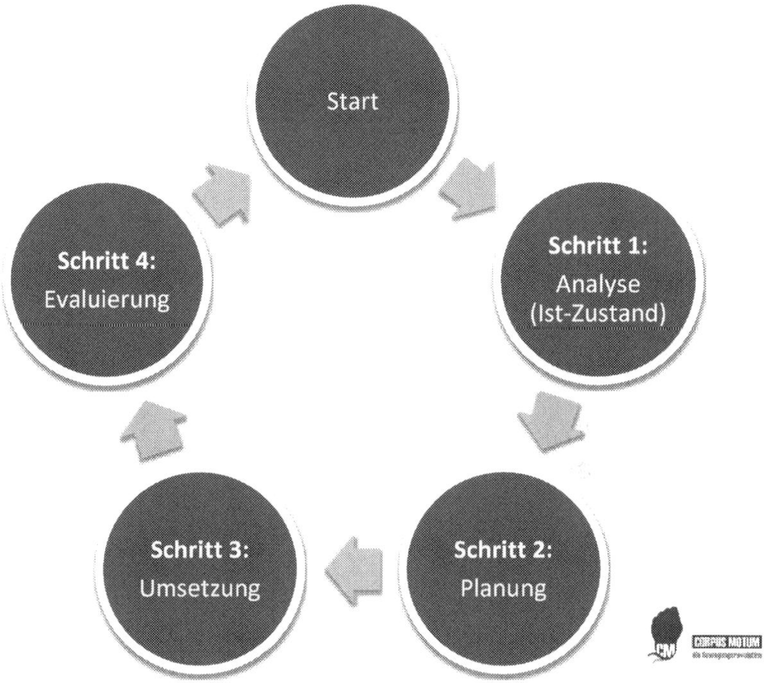

Auf den ersten Blick hat man sehr viel Respekt vor dem großen Prozess der Betrieblichen Gesundheitsförderung – immerhin muss man alles neben dem normalen Tagesgeschäft bewältigen. Deswegen führen wir Sie durch den Prozess, damit Sie sehen, dass er doch überschaubarer ist, als man denkt!

BGF-Prozess im Überblick

In folgendem Abschnitt lernen Sie den Prozess theoretisch kennen. Wie dieser dann in der Praxis aussieht, sehen Sie später an einem Hamburger Speditionsunternehmen bei den Best Practice Beispielen und werden merken, dass der grundsätzliche Ablauf relativ simpel ist.

Der Prozess besteht grundsätzlich aus einer **Analyse** Ihres Unternehmens. Basierend auf dieser und den erarbeiteten Verbesserungsvorschlägen **planen** Sie die dementsprechend benötigten Maßnahmen, welche dann in der **Umsetzungsphase** verwirklicht werden. In der **Evaluierungsphase** überprüfen Sie, ob Sie Ihre Ziele erreicht haben und wie sich die durchgeführten Maßnahmen ausgewirkt haben.

Start der Betrieblichen Gesundheitsförderung
(Verantwortlichkeiten, Strukturen aufbauen)

Wenn Ihr Unternehmen eine gewisse Größe hat, haben Sie schon viele Projekte abgewickelt und dementsprechend viel Erfahrung und Know-how zum Thema Projektentwicklung in Ihrem Unternehmen. Auch die Betriebliche Gesundheitsförderung ist ein (normales) Projekt, das von den Schritten auch Ihren anderen Projekten sehr ähnelt.

Wenn Sie ein kleineres Unternehmen sind und nicht so viel Know-how zum Thema Projektentwicklung in Ihrem Unternehmen haben, müssen Sie auch keine Angst haben. Die grundlegenden Schritte sind nicht schwer und Sie erhalten bei der Projektumsetzung (meist) kostenlose Hilfe von der Krankenkasse (dazu später mehr – das gilt übrigens natürlich auch für alle größeren Unternehmen).

Die ersten Schritte zum Start:

- ➔ Alle Ebenen im Unternehmen einbinden (Unternehmensleitung, Personalabteilung, externe Experten, Betriebsrat, Sicherheitsfachkräfte (sofern vorhanden), Führungskräfte, Mitarbeiter, etc.)
- ➔ Festlegung der internen Projektleitung, die das Projekt vorantreibt (Steuerungsgruppe)

- ➔ Klare Verantwortlichkeiten sind im Projekt wichtig
- ➔ Schaffen von freien Zeitressourcen für involvierte Personen
- ➔ Auftaktveranstaltung, damit Mitarbeiter von Anfang an eingebunden und über alle Dinge informiert werden

Die Betriebliche Gesundheitsförderung ist ein sich wiederholender Kreislauf aus Analyse, Planung, Umsetzung und Evaluierung. Den ersten Schritt zur Festlegung der Verantwortlichkeiten benötigen Sie nur das erste Mal. In diesem Schritt geht es darum, dass Sie intern die Verantwortlichkeiten festlegen und alle Ebenen im Unternehmen einbinden.

Analyse *(Ist-Zustand)*

Nachdem die Verantwortlichkeiten festgelegt sind, startet nun die Analyse Ihres Unternehmens. Die Betriebliche Gesundheitsförderung ist für jedes Unternehmen unterschiedlich, deswegen gibt es kein Standardkonzept, das man jeder Firma überstülpen kann, sondern einen individuell angepassten Maßanzug.

Um für Sie den perfekten Maßanzug zu finden, geht es nun also an die Analyse:

- ➔ Klärung folgender Fragen:
  - Welche Probleme gibt es im Unternehmen?
  - Wo gibt es Optimierungsbedarf?
  - Was wünschen sich die Mitarbeiter?
  - Welche Zielgruppen gibt es, die man besonders fördern sollte? (z.B. Schicht- oder Schwerarbeiter)

Um diese Fragen zu klären, stehen Ihnen verschiedene Instrumente zur Verfügung:

riftliche Befragungen (vor dem Gesundheitszirkel *(dazu ch mehr)* wird eine anonyme standardisierte Befragung an Mitarbeiter ausgeschickt. Die Befragung identifiziert obleme, die dann im Gesundheitszirkel weiter bearbeitet werden)

➔ Gesundheitszirkel:
  - Der Gesundheitszirkel bindet die Mitarbeiter in die betriebliche Gesundheitsförderung ein und wird im Auftrag der Steuerungsgruppe gebildet
  - Die Steuerungsgruppe bestimmt, wer am Gesundheitszirkel teilnimmt. Der ideale Teilnehmer sollte das Unternehmen gut kennen, offen für neue Ideen sein und ein gutes Verhältnis zu seinen Kollegen haben
  - Ein Moderator begleitet den Gesundheitszirkel
  - Im Gesundheitszirkel besprechen die beteiligten Personen alle Dinge, die von den Beschäftigten als belastend oder unbefriedigend empfunden werden, und erarbeiten Verbesserungsvorschläge
  - Diese Ergebnisse werden in die Steuerungsgruppe eingebracht

➔ Fokusgruppen
  - Fokusgruppen beschäftigen sich mit einem komplexeren Thema
  - Im Unterschied zum Gesundheitszirkel befinden sich hier nur Beschäftigte derselben Hierarchie
  - Diese Gruppe trifft sich mehrmals und sie erarbeitet dabei Lösungsansätze bzw. –vorschläge für das vorgegebene Problem

Bei der Analyse werden Verbesserungsvorschläge von Mitarbeitern eingebracht. Oft erkennt man dabei Dinge, die die

Unternehmensführung gar nicht sehen kann. Mit kleinen Anpassungen erzielt man oft große Effekte.

Ihre Krankenkasse unterstützt Sie meistens kostenlos bei den Befragungen bzw. bei der Analyse Ihres Unternehmens, somit profitieren Sie von viel Know-how in diesem Gebiet. Setzen Sie außerdem bei der Moderation der Gesundheitszirkel auf einen externen, unbefangenen Experten.

Planung

In der Analysephase haben Sie nun ein klares Bild Ihres Unternehmens bekommen, nun geht es an die Planung der Ziele und an die Festlegung des weiteren Projektablaufes.

Beispiele für Ziele:

- ➔ Fluktuation
- ➔ Fehlzeiten
- ➔ Mitarbeiterzufriedenheit
- ➔ Betriebsklima
- ➔ Unternehmensimage
- ➔ Verminderung der Rückenprobleme
- ➔ Verbesserung des Führungsverhaltens
- ➔ Mehr Bewegung im Unternehmensalltag

Ihre Ziele können sowohl harte als auch weiche Ziele sein. Weiche Ziele sind zum Beispiel die Mitarbeiterzufriedenheit oder das Unternehmensimage. Harte Ziele – also mit konkreten Zahlen messbar – sind die Fluktuation oder Fehlzeiten. Beachten Sie bei den Fehlzeiten, dass diese nicht ausschließlich von Ihrem Unternehmen beeinflusst werden.

Basierend auf Ihren Zielen legen Sie nun den weiteren Projektablauf fest und welche Maßnahmen Sie umsetzen.

Umsetzungsphase

Die Umsetzungsphase sollte eine gute Mischung aus Verhältnisse ändern und Verhalten beeinflussen sein. Aus Studien geht hervor, dass eine Kombination aus diesen beiden Dingen Ihrem Unternehmen den größten gesundheitlichen Effekt bringt.

- ➔ Die **Verhältnisebene** betrifft allgemein das Umfeld und die Prozesse im Unternehmen. Darunter fallen zum Beispiel ein ergonomischer Arbeitsplatz, die Verbesserung des Informationsflusses im Unternehmen oder der Meetingkultur. Verschiedene Arbeitszeitmodelle, die Änderung von Arbeitsabläufen oder die Führungskräfteentwicklung zählen ebenfalls zu diesem Bereich.
- ➔ Die **Verhaltensebene** schließt das Verhalten von jedem einzelnen Mitarbeiter ein. Maßnahmen wie Bewegungsworkshops, Fachvorträge zur gesunden Ernährung oder Entspannungseinheiten beeinflussen diese Ebene positiv.

Ihr Gremium entscheidet nun aufgrund der Ergebnisse der vorherigen Phasen, was umgesetzt wird (unter Berücksichtigung der finanziellen Ressourcen). Zur Inspiration, was Sie alles umsetzen könnten, finden Sie gleich 37 Beispiele für Maßnahmen auf der Verhaltens- und Verhältnisebene.

Evaluierung

Wie auch bei anderen Projekten ist in der Betrieblichen Gesundheitsförderung die Evaluation eine wichtige Phase, um erstens die Zielerreichung zu überprüfen und zweitens den Optimierungsbedarf herauszufinden.

In der Evaluationsphase nur die Krankenstandzahlen zu messen und zu vergleichen, greift zu kurz, da diese vielen Faktoren unterliegen, die das Unternehmen nur teilweise beeinflussen kann. Vielmehr geht es darum, das persönliche Wohlbefinden und die Akzeptanz der Maßnahmen im Unternehmen festzustellen. Interessante Kennzahlen sind dabei zum Beispiel die Anzahl der Verbesserungsvorschläge oder die Teilnehmerzahlen bei den einzelnen Maßnahmen.

Man könnte theoretisch die Auswirkungen der betrieblichen Gesundheitsförderung sehr genau messen. Dazu müsste man aber eine wissenschaftliche Studie durchführen, was für Ihr Unternehmen jedoch in keinem Kosten-Nutzen-Verhältnis steht.

Um Ihre gewünschten Indikatoren zu erheben, eignen sich deswegen folgende Instrumente:

- ➔ Interviews,
- ➔ Fragebögen oder
- ➔ Gruppendiskussionen

Mit diesen Instrumenten kann festgestellt werden, ob bestimmte Maßnahmen wieder abgesetzt werden oder man in seinem Tun bestätigt wird. Wichtig dabei ist, dass man sich nicht zu schnell signifikante Ergebnisse erwarten darf. Die betriebliche Gesundheitsförderung entwickelt erst über viele Jahre ihre volle Kraft für Ihr Unternehmen.

In der Evaluationsphase geht es außerdem um die Sicherung der Nachhaltigkeit. Eine große Herausforderung in der BGF ist es, die betriebliche Gesundheitsförderung nachhaltig in die Unternehmenskultur zu integrieren.

Sie haben nun den ganzen Prozess kennengelernt. Grundsätzlich besteht er aus einer Analyse des Ist-Zustandes, einer Planungs- und Umsetzungsphase und einer anschließenden Evaluierung des ganzen Prozesses. Sie sehen nun also, dass es gar nicht so schwer ist und sich jede investierte Minute auszahlt. Über die genauen Details brauchen Sie sich keine Sorgen machen. Beim Start wird Ihnen meistens von Ihrer zuständigen Krankenkasse unter die Arme gegriffen und Sie werden fachmännisch beraten und in diesem Prozess begleitet. Mehr dazu erfahren Sie bei Kapitel 5 *„Wie beginnt man am besten mit BGF? (Kostenlose Unterstützung)"*.

Wie der ganze Prozess in der Praxis aussieht, sehen Sie bei den Best Practice-Beispielen aus der ganzen Welt. Hier zeigt Ihnen ein Hamburger Speditionsunternehmen, wie es mit diesem Modell ein sehr erfolgreiches Gesundheitskonzept für das Unternehmen umgesetzt hat.

37 konkrete Maßnahmen für die betriebliche Gesundheitsförderung *(Umsetzungsphase)*

Sie kennen nun also den grundlegenden Prozess in der betrieblichen Gesundheitsförderung. Nun gehen wir darauf ein, welche Maßnahmen Sie für Ihre MitarbeiterInnen konkret umsetzen können.

Wie schon vorher festgestellt, gibt es zwei Ebenen: die **Verhaltensebene** und die **Verhältnisebene**. Letztere beschäftigt sich mit dem Umfeld wie einem ergonomischen Arbeitsplatz oder reduzierter Staub- und Lärmbelastung. Ein ausgewogener Mix aus beiden Ebenen sichert Ihnen den Erfolg in der BGF. Der folgende Abschnitt geht genauer darauf ein, welche Maßnahmen Sie auf der Verhaltensebene setzen können (natürlich nur unter einer vorangegangener Analyse – dieser Abschnitt soll Ihnen jedoch allgemein einmal einen Überblick geben, welche Bereiche es gibt und was hier umgesetzt werden kann. Manche Punkte schneiden vereinzelt auch Maßnahmen auf der Verhältnisebene an):

Ernährung

Alle müssen es machen, die einen machen es gesünder, die anderen weniger gesund und zwar: Essen! Unsere Ernährung hat einen direkten Einfluss auf unser Wohlbefinden, die Energie im Alltag und, wenn man zu viel und die falschen Sachen isst, auch negative Folgen auf unser Körpergewicht.

Wie können Sie Ihre Mitarbeiter bei diesem Thema bestmöglich unterstützen? Die Ernährung ist meistens sehr vom Elternhaus geprägt. Ist man es gewohnt, eher gesunde und nahrhafte Nährstoffe zu sich zu nehmen oder wurde eher auf Fertiggerichte gesetzt?

Ihren Mitarbeitern vorschreiben, was sie essen sollten, können Sie natürlich nicht. Sie können sie dabei aber maßgeblich unterstützen. Oft würde sich der ein oder andere gerne gesünder ernähren, ihm fehlt aber einfach das Wissen dazu – und genau hier sollte Ihre Unterstützung ansetzen!

8 Möglichkeiten Ihren Mitarbeiter bei der Ernährung zu helfen:

➔ **Ernährung speziell für den Arbeitsalltag**
In der Mittagspause bleibt oft nicht viel Zeit und am Abend sind die meisten zu müde, um lange zu kochen. Wie können Sie Ihren Mitarbeitern hier helfen? Was wäre ein möglicher Lösungsansatz? Zeigen Sie Ihren Mitarbeitern zum Beispiel mit Hilfe eines Kochworkshops, wie Sie am Abend schnell gesunde und super leckere Speisen zubereiten können. Außerdem wäre eine Variante, wenn Sie keine Kantine haben, einen speziellen Kochworkshop anzubieten, wo den Mitarbeitern gezeigt wird, was sie bereits Zuhause mit wenig Zeit am Vortag kochen können, um eine gesunde Mittagspause zu haben.

Der Vorteil an einem Kochworkshop gegenüber einem klassischen Vortrag über Ernährung ist, dass die Mitarbeiter gleich den ganzen Kochvorgang erleben können und merken, dass die Rezepte erstens nicht viel Zeit benötigen und zweitens dann auch gut schmecken. Außerdem hat es einen Teambuildingcharakter, wenn man unter Kollegen gemeinsam kocht.

Ihr Vorteil im Unternehmen ist, dass Sie vom Kochworkshop direkt profitieren. Ihre Mitarbeiter sind sicher leistungsfähiger, wenn sie am Vorabend eine nahrhafte

Mahlzeit statt einer Fertigpizza zu sich nehmen. Durch den Workshop mit dem Mittagessen unterstützen Sie Ihre Mitarbeiter außerdem dabei, das Mittagstief zu umgehen und nach der Mittagspause voller Power zu sein.

➔ **Gesundes Angebot in Kantinen und Automaten** *(für große Unternehmen)*
In größeren Unternehmen gibt es meistens eine Kantine und auf den Gängen stehen Automaten. In vielen Unternehmen hat es bereits einen Wandel gegeben und das Küchenteam und die Unternehmensführung verpassten dem Kantinenessen bereits eine gesunde, regionale Linie.

Sollten Sie in Ihrem Unternehmen eher noch das klassische Kantinenessen von früher haben, steht dieser Punkt wahrscheinlich ganz weit oben auf Ihrer Umsetzungsliste. Erarbeiten Sie mit Ihrem Küchenteam ein individuelles Konzept, das für Ihr Unternehmen passt. Beziehen Sie dabei unbedingt wieder Ihre Mitarbeiter mit ein und tauschen Sie sich auch mit anderen Unternehmen aus, die bereits den Schritt in diese Richtung vollzogen haben.

Neben dem Kantinenessen beeinflussen auch die Automaten am Gang das Wohlbefinden Ihrer Mitarbeiter. Jeden Tag eine zuckerversetzte Limonade zu trinken und einen Schokoladenriegel zu essen, macht über viele Jahre gesehen einen enormen Unterschied. Bieten Sie auch hier Ihren Mitarbeitern verschiedene Alternativen. Wie wäre es mit kostenlosem Wasser oder einer Teebar? Was halten Sie von einem wöchentlichen Obstkorb? Reden Sie auch mit dem Automatenbetreiber, inwiefern Sie die Inhalte anpassen können. Versuchen Sie, Ihren Mitarbeitern die Wahl zu gesunden Alternativen wie Nüssen oder zu Schokolade mit einem hohen Kakaoanteil zu geben.

➔ **Einkaufs-Schulung**

Bei diesem Punkt kann es sein, dass man zunächst belächelt wird, weil der Großteil von sich behaupten wird, dass er weiß, wie man einkauft. Die Supermarktbetreiber investieren jedoch jedes Jahr Millionen von Euro, damit die Kunden psychologisch beeinflusst werden. Laut Manfred Bruhn, Professor an der Universität Basel, werden 70% der Kaufentscheidungen erst emotional im Supermarkt getroffen. Es gibt viele kleine Tricks, mit denen die Konsumenten verleitet werden, Einkäufe zu tätigen, die sie nicht auf der Einkaufsliste hatten.

Ihren Mitarbeitern wird in einer Einkaufsschulung gezeigt, welche psychologischen Tricks es gibt und wie man diesen entkommt. Außerdem lernen Ihre Mitarbeiter, wie sie qualitativhochwertige Produkte erkennen und was in den Produkten wirklich enthalten ist. Die Schulung geht neben den gesundheitlichen Aspekten auch auf die Auswirkungen auf die Umwelt ein. Ihre Mitarbeiter bekommen in einer Einkaufsschulung also ein breites Fachwissen, wie sie als mündige Konsumenten richtig einkaufen und Qualität, die ihnen und der Umwelt gut tut, erkennen.

➔ **Ernährungsvortrag**

Eine weitere Variante, wie Sie Ihre Mitarbeiter bei der Ernährung unterstützen können, ist ein Vortrag zu diesem Thema. Grundsätzlich empfehlen wir immer Dinge, die im Gedächtnis bleiben, wo Ihre Mitarbeiter aktiv etwas tun müssen (wie z.B. beim Kochworkshop). Oft fehlen jedoch die Basics und hier kann Ihnen ein Vortrag helfen, damit Ihre

Mitarbeiter ein Grundverständnis bekommen, was sie überhaupt jeden Tag zu sich nehmen und wie eine ausgewogene Ernährung aussehen sollte.

➔ **Projekt „Zucker"**

Versteckt oder offensichtlich – Zucker finden wir nahezu überall! Laut der Weltgesundheitsorganisation (WHO) sollte Zucker nur 5% unseres täglichen Kalorienbedarfs ausmachen. Das sind bei Frauen 25g und bei Männern ca. 30g. Wenn man nur diese Menge zu sich nimmt, reduziert man das Risiko für gesundheitsgefährdendes Übergewicht, Karies, Herzleiden oder die Volkskrankheit Diabetes erheblich.

In Deutschland und in Österreich nimmt der Durchschnittsbürger jedoch 131g Zucker pro Tag zu sich, in der Schweiz sind es sogar 159g[1]. Also die perfekte Ausgangslage für das Projekt „Zucker"? Sie können zu diesem Thema ein ganzes Maßnahmenbündel kreieren, damit das Thema von allen Seiten beleuchtet wird. Denkbar wäre zum Beispiel ein Mix aus Fachvorträgen, aus einer Einkaufsschulung und angepasstem Kantinenessen. Hier können Sie kreativ sein, wie Sie Ihren Mitarbeitern das Thema am besten vermitteln und es mit Ihnen gemeinsam erarbeiten können.

➔ **Kochkurse zu bestimmten Themen**

Bereits vorne gab es das Thema „Kochkurse" – dabei ging es um an den Arbeitsalltag angepasste Kurse. Natürlich können Sie auch noch andere Kurse wie „Wie kocht man fleischlos?", „Wie gelingt vegane Ernährung" oder „ Das

---

[1] Wissensmagazin „[w] wie Wissen" von Das Erste (http://bit.ly/zuckerverbrauch)

perfekte Powerfrühstück für den Arbeitstag" anbieten. Dabei greifen Sie auch wieder gesellschaftspolitisch wichtige Themen auf wie den überhöhten Fleischkonsum und zeigen Ihren Mitarbeitern praxisnah, wie einfach es mit den richtigen Rezepten ist, fleischlose Tage in der Woche einzulegen.

➔ **Kräuterworkshop im Wald**
Ein immer beliebteres Thema sind Kräuter. Von den Großeltern oft genutzt, mittlerweile leider in Vergessenheit geraten. Interessierten Mitarbeitern können Sie einen Kräuterworkshop im Wald anbieten, wo ihnen gezeigt wird, welche Kräuter es gibt und welche heilende Wirkung diese haben. Mit diesem Wissen im Unternehmen können sich Ihre Mitarbeiter gegenseitig weiterhelfen, wenn bestimmte gesundheitliche Probleme mit Kräutern ganz einfach zu lösen sind.

➔ **Nahrungsmittelunverträglichkeiten**
Viele Menschen haben Nahrungsmittelunverträglichkeiten, wissen davon aber nichts. Die Folge ist, sie fühlen sich schlapp und haben noch andere gesundheitliche Begleiterscheinungen, die sie nicht zuordnen können. Sie als Unternehmen können Ihren Mitarbeitern dabei helfen, indem Sie einen Nahrungsmittelunverträglichkeitstest anbieten, wo sich jeder Mitarbeiter testen lassen kann. Nach dem Test bespricht ein Experte das Ergebnis mit dem Mitarbeiter und zeigt ihm, wie er mit den Unverträglichkeiten im Alltag umgehen kann und welche Alternativen es dazu gibt. Allgemein kann gesagt werden, dass die Menschheit unter immer mehr Unverträglichkeiten wie beispielsweise Laktoseintoleranz leidet. Mit diesem Test

helfen Sie Ihren Mitarbeitern, dass diese ihr Wohlbefinden und ihre Leistungsfähigkeit nachhaltig verbessern können.

Sie haben nun die Qual der Wahl! Insgesamt haben Sie 8 Varianten kennengelernt, wie Sie Ihre Mitarbeiter beim Thema Ernährung unterstützen können. Da eine erfolgreiche Betriebliche Gesundheitsförderung aber nicht nur aus diesem Teilbereich besteht, sondern viele Aspekte beinhaltet, gehen wir nun zum nächsten Teilbereich über: Und zwar zur Bewegung!

Bewegung

Neben der Ernährung ist wohl die Bewegung der zweite klassische Bereich, der einem sofort in den Sinn kommt, wenn man an das Thema Gesundheit denkt. 30 Minuten sind es, die man sich täglich mit mittlerer Intensität bewegen sollte. Meistens gibt es im Unternehmen drei verschiedene Zielgruppen, wenn es um das Thema Bewegung geht: Die Extremsportler, die gesundheitsbewussten Freizeitsportler und die – nennen wir es einmal – „Bewegungsmeidenden Mitarbeiter".

Versuchen Sie alle drei Zielgruppen anzusprechen – am ehesten sollten Sie sich aber auf die beiden letzteren konzentrieren. Welche Möglichkeiten Sie dabei haben, haben wir wieder hier für Sie aufgelistet:

<u>9 Bewegungsmaßnahmen in der BGF:</u>

➔ **Yoga, Pilates, Rückenschule**
Diese stellen wohl Klassiker in der betrieblichen Gesundheitsförderung dar. In Form von wöchentlichen Kursen bewegen diese drei Bausteine Ihre Mitarbeiter schön durch und die Mitarbeiter kräftigen und mobilisieren gezielt ihre Muskulatur. Fragen Sie das Interesse Ihrer Mitarbeiter

ab, wie sie zu diesen drei Angeboten stehen! Passen Sie bei wöchentlich wiederholenden Kursen jedoch auf, dass sich diese nicht zu eintönig gestalten. Sonst kann es passieren, dass das anfangs enorm hohe Interesse schnell sinkt und die Kurse nur noch mit drei Teilnehmern stattfinden. Eine Möglichkeit wäre es zum Beispiel, dass man die Kurse nur in einem begrenzten Zeitraum anbietet. Sie könnten zum Beispiel im Herbst Pilates zu je 10 Einheiten und im Frühjahr Yoga zu je 10 Mal anbieten. So sorgen Sie für Abwechslung und die Mitarbeiter können sich dann schon jedes Mal darauf freuen, wenn es mit einem Durchgang wieder losgeht.

➔ **Firmenlauf**

Der Firmenlauf – wirklich eine super Sache, denn gemeinsame Ziele verbinden und schweißen zusammen! Der Firmenlauf findet meistens in 3er-Teams mit einer Distanz von ungefähr 5 Kilometern statt. Für Sie als Firma hat dieses Laufevent sehr viele Vorteile: Sie sind öffentlich präsent, der Lauf motiviert Ihre Mitarbeiter ganz von alleine zu Bewegung und das gemeinsame Ziel schweißt zusammen. Damit sich Ihre Mitarbeiter auf den Lauf bestens vorbereiten können, können Sie diese mit einem Laufcoaching unterstützen. Dabei geht es um die richtige Lauftechnik und dass Ihre Mitarbeiter einen individuellen Trainingsplan bekommen, um ideal vorbereitet starten zu können. Und vielleicht packt den einen oder anderen Mitarbeiter auch danach das Lauffieber und er behält seine wöchentlichen Einheiten bei – damit haben Sie schon wieder Mitarbeiter gewonnen, die mehr für Ihre Gesundheit machen. *Mehr zum Thema Firmenlauf und dessen Organisation erfahren Sie im Bonuskapitel auf Seite 41!*

→ **Sitzen ist das neue Rauchen | Corpus Motum**

64.000 Stunden – das ist die Anzahl der Stunden, die Ihre Büromitarbeiter im Laufe Ihres Arbeitslebens im Sitzen verbringen – exklusive dem Arbeitsweg, der Autofahrten, der Zeit beim Essen, in der Freizeit (z.B. auf der Couch daheim) und der Schulzeit. 64.000 Stunden – diese Zahl müssen Sie sich einmal auf der Zunge zergehen lassen. Den menschlichen Körper freut das nicht besonders. Er wurde nämlich zu vielem geschaffen – nur nicht zum Sitzen. Er macht sich bemerkbar durch typische Büroprobleme wie Rückenschmerzen oder Nackenverspannungen.

Was können Sie also für Ihre Mitarbeiter tun? Ihre Mitarbeiter brauchen Übungen, die zu 100% ans Büro angepasst sind, mit denen sie genau jene Körperpartien gezielt kräftigen und mobilisieren, die im Büro zu kurz kommen. Mit einer Investition von 2-3 Minuten am Tag können jene angesprochenen Probleme bereits im Keim erstickt werden, Ihre Mitarbeiter sitzen automatisch aufrecht im Bürostuhl, werden durch die aufrechte Körperposition viel besser mit Sauerstoff versorgt und sind so leistungsfähiger für Ihr Unternehmen.

Wollen Sie diese Ziele erreichen? Dann haben wir eine gute Nachricht für Sie: Wir unterstützen Sie gerne dabei! Wir kommen in Ihr Unternehmen (im gesamten deutschsprachigen Raum), erarbeiten mit Ihren Mitarbeitern eine starke Basis, damit diese genau wissen, wie sie die Büroprobleme durch einfache Übungen vorbeugen können und Ihre Mitarbeiter haben dabei auch noch sehr viel Spaß und die Einheiten werden garantiert bei Ihnen in Erinnerung bleiben! Für Sie ist es eine kleine zeitliche Investition und eine einmalige, sinnvolle Investition in Ihre Mitarbeiter – Sie sind neugierig? Dann füllen Sie einfach das Kontaktformular[2] aus oder schreiben eine E-Mail an office@corpusmotum.com und wir erarbeiten mit Ihnen, wie Ihrem Unternehmen am besten weitergeholfen werden kann!

Übrigens setzt auch die größte österreichische Tageszeitung, die Kronen Zeitung, mit über 2,3 Millionen Lesern auf Corpus Motum. Zusammen wurde eine Videoserie genau zu diesem Thema erstellt. Hier können Sie sich zum Beispiel die Übung „Sixpack Twister"[3] dazu ansehen, bei der Sie gleich mitmachen können.

In Ihr Unternehmen kommt dann Physiotherapeut Patrik Ruhdorfer persönlich und erarbeitet mit Ihren Mitarbeitern nachhaltig das Thema.

➔ **Volkskrankheit Nr. 1 Rückenschmerzen**
Ob im Büro, in der Pflege oder in Industriebetrieben überall gibt es Rückenschmerzen. Wie Sie Ihren Mitarbeitern im Büro bei Rückenschmerzen weiterhelfen können, haben Sie durch den vorherigen Punkt nun schon kennengelernt. Doch was ist, wenn Ihre Mitarbeiter Pflegemitarbeiter oder Schwerarbeiter sind? Hier gilt es zunächst einmal die Verhältnisse anzupassen. Das bedeutet, dass der Arbeitsplatz ergonomisch auf den Mitarbeiter ausgerichtet ist, die Bereitstellung von Hebehilfen und vielem mehr. Analysieren Sie mit einem Arbeitsmediziner die

---

[2] Kontaktformular: http://bit.ly/corpusmotum-kontakt
[3] Übung „Sixpack Twister" bei krone.at: http://bit.ly/krone-sixpacktwister

Arbeitsplätze genau und passen Sie diese an die Mitar an.

Auf der Verhaltensebene können Sie Ihre Mitarbeiter mit Kursen zum richtigen Heben unterstützen. Sie sollten Ihnen aber auch allgemein zeigen, wie man die Tätigkeiten mit der richtigen Körperspannung durchführt. Wenn Ihre Mitarbeiter bei schweren Tätigkeiten nur passiv in den Strukturen sind, werden diese Mitarbeiter früher oder später schwerwiegende Schäden davon tragen – und das garantiert!

Zusätzlich sollten auch diese Mitarbeiter einfache Ausgleichsübungen bekommen, die sie direkt am Arbeitsplatz machen können, um den meist einseitigen Arbeiten entgegenwirken zu können. Achten Sie dann bei der Anbieterauswahl darauf, dass der Anbieter viele Schulungen in diesem Bereich durchführt und eine Menge Erfahrung mitbringt. Außerdem sollte der Vortragende das Thema mit ein wenig Humor gut vermitteln können, damit die Mitarbeiter die Dinge auch wirklich umsetzen. Bei unseren Bürocoachings macht es genau diese Kombination aus, dass die Unternehmen langfristig und nachhaltig von den umgesetzten Maßnahmen profitieren.

➔ **Nordic Walking**

Falls Sie vorhaben, Ihren Mitarbeitern Laufaktivitäten anzubieten, sollten Sie als Zusatz unbedingt noch Nordic Walking ins Programm aufnehmen. Nordic Walking ist die gelenksschonende Alternative, die vor allem Ihre älteren Arbeitnehmer schätzen werden! Durch die Kombination aus dem Lauf- und Nordic Walking-Angebot geben Sie wirklich allen Mitarbeitern die Möglichkeit mitzumachen.

- **Bewegte Pausen (Mitarbeiter bewegen Mitarbeiter)**
  Eine weitere Möglichkeit, wie Sie Ihre Mitarbeiter zu mehr Bewegung motivieren können, sind bewegte Pausen. Diese können entweder extern oder intern angeleitet werden. In kleinen Einheiten von 5 Minuten machen Ihre Mitarbeiter gemeinsam Übungen, um aus dem meist starren Alltag ausbrechen zu können. Zumindest in Österreich gibt es die Möglichkeit von der Gebietskrankenkasse, dass Sie einen oder mehrere Mitarbeiter zu einem Multiplikator ausbilden lassen können, der diese bewegten Pausen dann anleitet.
- **Schrittzähler (Unternehmenschallenge)**
  10.000 Schritte pro Tag – so viel sollte man machen. Wissenschaftliche Forschungen haben zwar ergeben, dass bereits 8.000 Schritte schon ausreichen bzw. jeden Tag 30 Minuten Bewegung in einer mittleren Intensitätsstufe, jedoch kommen viele Menschen nicht einmal auf diese niedrigere Zahl. Büroangestellte legen durchschnittlich 1.400 Schritte, Manager 3.000 Schritte und Verkäufer 5.000 Schritte pro Tag zurück. Nur ein Elternteil mit Kindern Zuhause kommt auf durchschnittlich 13.000 Schritte.

Wie können Sie es nun motiviert verpacken, dass alle in Ihrem Unternehmen auf mehr Schritte pro Tag kommen? Ein ideales Instrument dazu ist eine Unternehmenschallenge. Bei dieser Challenge wird der Ehrgeiz Ihrer Mitarbeiter geweckt! Zusammen in Teams treten sie gegeneinander an. Mit Hilfe von Schrittzählern geht es darum, wer über einen bestimmten Zeitraum am meisten Schritte zurücklegt. Um die Teams noch mehr zu motivieren, können Sie sich auch verschiedene Preise überlegen (auf jeden Fall sollte zum Schluss jeder belohnt werden, der mitgemacht hat). Mit dieser Variante schaffen Sie es, dass sich Ihre Mitarbeiter garantiert mehr bewegen. Also welches Team in Ihrem Unternehmen umrundet als erstes die Welt?

- **Gefördertes Fitnessstudioabo**
  Sie können Ihre Mitarbeiter auch indirekt mit einem geförderten Fitnessstudioabo unterstützen und so zu mehr Sport motivieren. Handeln Sie mit Ihrem lokalen Fitnessstudiobetreiber einen guten Deal aus, welche Vorteile bzw. Nachlässe Ihre Mitarbeiter bekommen. Zusätzlich helfen Sie Ihren Mitarbeitern sehr weiter, wenn es am Anfang ein Coaching von einem Personaltrainer und einen individuellen Trainingsplan gibt.
- **Diverse Anpassungen**
  Überlegen Sie auch, wie Sie Ihr Firmengelände anpassen können, um die Mitarbeiter zu mehr Bewegung zu motivieren. Beispiele wären Aufkleber bei den Liften mit der Aufforderung zur Treppenbenützung (in einer Firma gibt es zum Beispiel Fußspuren direkt zu den Treppen – so etwas beeinflusst einen schon unterbewusst). Außerdem könnten überdachte Fahrradständer und Duschmöglichkeiten die Mitarbeiter motivieren, statt mit dem Auto mit dem Fahrrad zur Arbeit zu kommen. All diese Anpassungen machen Sie nun auf der Verhältnisebene, die anderen Vorschläge waren auf der Verhaltensebene.

Sie haben gesehen, dass Sie generell zwei Varianten haben, Bewegungsmaßnahmen in Ihrem Unternehmen anzubieten: Entweder regelmäßige wöchentliche Maßnahmen oder einmalige intensive Aktionen, mit denen Sie Ihrem Unternehmen einen großen

Push geben. Wie bei allen macht es wieder der gute Mix, der für viel Abwechslung in Ihrer betrieblichen Gesundheitsförderung sorgen wird!

Raucherentwöhnung

Das Thema Rauchen ist eine sehr sensible Angelegenheit. Wäre es um 2000 herum noch ein absoluter Tabubruch gewesen, Rauchzeit als Pausenzeit zu werten, wird das mittlerweile immer mehr gängige Praxis. Auf vielen Firmengeländen ist das Rauchen gar nicht mehr erlaubt und man muss sich für jede Rauchpause ausstempeln.

2 Maßnahmen zur Raucherentwöhnung:

- ➔ **Motivationsworkshop**
  Um mit dem Rauchen aufzuhören, gibt es viele Gründe. Merken Sie in Ihrer Analyse, dass dies auch in Ihrem Unternehmen ein großes Thema ist, können Sie zu diesem Thema einen Motivationsworkshop anbieten. In diesem Workshop geht es nur einmal allgemein darum in angenehmer Diskussionsatmosphäre, das Thema von allen Seiten zu beleuchten und die verschiedenen Aspekte zu erarbeiten. Oft wird auch noch eine Kohlenmonoxid-Messung in der Atemluft angeboten.
- ➔ **Begleitete Raucherentwöhnung**
  Ob Sie die weitere ärztliche Begleitung bei der Entwöhnung direkt in Ihrem Unternehmen anbieten, bleibt dann in Ihrem Ermessen. Dies wird von mehreren Faktoren wie beispielsweise dem allgemeinen Interesse am ersten Motivationsworkshop abhängen. Danach könnte man noch für die Entwöhnung eine Gruppentherapie für die Mitarbeiter direkt vor Ort in Ihrem Unternehmen anbieten, um sie bei der Entwöhnung zu unterstützen.

Bei den Best Practice Beispielen finden Sie dann ein japanisches Unternehmen, das seinen Mitarbeitern zusätzliche Urlaubstage gibt, wenn sie nicht rauchen. Mehr über diesen spannenden Ansatz erfahren Sie später.

Stress / Burnout / Unterforderung

Stress und Burnout lösen nur rund 2,5% der Krankheitsfälle aus. Nichtsdestotrotz gewinnt dieser Bereich immer mehr an Bedeutung. Statistisch gesehen sind es zwar auf dem ersten Blick nur wenige Fälle, aber genau diese Fälle verursachen sehr hohe Fehlzeiten. Außerdem erzeugt ständige Überforderung Stress und wirkt sich negativ auf Ihr Betriebsklima aus.

10 Maßnahmen gegen Stress und Burnout:

- ➔ **Entspannungseinheiten**
  Wenn Sie merken, dass Ihre Mitarbeiter unter ständigem Stress leiden, geht es zunächst einmal darum, die Verhältnisse zu analysieren, wie man das Umfeld anpassen kann, damit der Stress reduziert wird. Außerdem wäre es denkbar, zum Beispiel einen Ruhe- und Entspannungsraum in Ihrem Unternehmen einzurichten. Wie in den anderen Bereichen erreichen Sie wieder die besten Ergebnisse, wenn Sie sowohl die Verhältnisebene als auch die Verhaltensebene positiv beeinflussen. Ein wichtiger Baustein auf der Verhaltensebene könnte zum Beispiel eine wöchentliche Entspannungseinheit sein. In dieser Zeit können Ihre Mitarbeiter einmal vollkommen los lassen und komplett zur Ruhe kommen. Denkbar wäre es, diese Einheit zum Beispiel auch in der Mittagspause anzubieten.
- ➔ **Intensivworkshop**
  In einem Intensivworkshop vermittelt der Kursleiter Ihren

Mitarbeitern verschiedene Atem- und Entspannungstechniken, mit denen sie auch in stressigen Situationen einen kühlen Kopf bewahren. Außerdem kann der Workshop noch beinhalten, wie man sich richtig erholt und von der Arbeit abschalten kann. Dieser Intensivworkshop kann für Sie eine wichtige Basis sein, da sich Ihre Mitarbeiter länger mit dem Thema beschäftigen und die Grundtechniken lernen, wie sie am besten entspannen können.

➔ **Burnout-Vortrag**
Gerade bei der Burnout-Prävention gilt: Jedes Burnout, das Sie in Ihrem Unternehmen abwenden konnten, ist ein großer Gewinn für das Unternehmen und für den Mitarbeiter selbst. Burnouts verursachen sehr lange Arbeitsfehlzeiten und einen großen Leidensweg bei den Betroffenen. Mit dem Vortrag können Sie Ihren Mitarbeitern helfen, dass Sie das Thema grundsätzlich kennenlernen und auf die Gefahren sensibilisiert werden.

➔ **Maßnahmen zur Reduktion von Depression**
Rund 4 Millionen Deutsche leiden an Depressionen bzw. Stimmungstiefs, die länger als zwei Wochen anhalten. Das ist jeder 20. Einwohner in der Bundesrepublik. Depressionen sind außerdem eine häufige Ursache für Frührenten. Um Depressionen vorzubeugen, braucht es viele Dinge wie ein positives Betriebsklima, gute Führungskräfte, die Anerkennung und Wertschätzung aussprechen, ein wertschätzender Umgang unter den Kollegen (Stichwort: Thema Ausgrenzung) und klare Anforderungen und Feedbacks. Mit einem ausgewogenen Mix aus verschiedenen Maßnahmen schaffen Sie es, das Risiko, an Depressionen zu erkranken, stark zu reduzieren. Auf welche Dinge Sie sich

hier konzentrieren sollten, ist von Unternehmen zu Unternehmen unterschiedlich. Ein gutes, kollegiales Team ohne Ausgrenzung und ein gesunder Führungsstil der Führungskräfte sind für jedes Unternehmen zwei wichtige Bausteine dazu.

➔ **Achtsamkeitstraining**
Der Alltag wird hektischer und wir verlieren die Fähigkeit, den Moment zu genießen. Mit einem Achtsamkeitstraining helfen Sie Ihren Mitarbeitern, wieder mehr im Moment zu leben. Gerade im Berufsalltag neigt man dazu, im Kopf schon drei Schritte voraus zu sein. Das Achtsamkeitstraining können Sie entweder als Workshop, wo danach jeder Mitarbeiter für sich selbst weiter arbeitet, oder als 10 Einheiten-Block anbieten, wo die Mitarbeiter Schritt für Schritt an das Thema herangeführt werden und sich wöchentlich damit beschäftigen.

➔ **Traumreisen / Klangschalenentspannung**
Als Variation zu den Entspannungseinheiten können Sie auch Traumreisen anbieten. Hier entflieht man für 20 bis 30 Minuten dem Alltag und begibt sich gedanklich an einen anderen Ort. Die Traumreisen sind eine ideale Variante für die Mittagspause. Ebenfalls gut geeignet für die Mittagspause ist eine Klangschalenentspannung. Auch hier können Ihre Mitarbeiter die Alltagssorgen einmal loslassen und dann wieder konzentriert und fokussiert weiterarbeiten.

➔ **Meditation**
Die Meditation bietet viele positive Effekte, wenn sie regelmäßig durchgeführt wird. Unter anderem wird man dadurch selbstreflektierter und gelassener. Mit nur 10 Minuten täglich verändert sich bereits unser Gehirn. Für Mitarbeiter, die sich für diesen Bereich interessieren, können

Sie eine Meditationsgruppe anbieten, wo einmal in der Woche unter Anleitung gemeinsam meditiert wird.

➔ **Zeitmanagement**
Auch ein schlechtes Zeitmanagement verursacht Stress. In einem Workshop oder in verschiedenen Trainings lernen Ihre Mitarbeiter, ihren Tag besser zu planen, die Aufgaben richtig zu priorisieren und Zeitfresser ausfindig zu machen. Mitarbeiter mit einem guten Zeitmanagement bewältigen für Ihr Unternehmen mehr Aufgaben unter einer verringerten Stressbelastung.

➔ **Boreout**
Burnout ist mittlerweile ein geläufiger Begriff, vom Boreout-Syndrom hingegen wird eher selten gesprochen. Ausgelöst wird es durch Unterforderung, wenig Gestaltungsspielraum und die fehlende Sinnhaftigkeit einer Aufgabe für die jeweilige Person. Wie verhindern Sie das am besten? Auf der einen Seite braucht es wieder gute Führungskräfte mit einem gesunden Führungsstil, die solch eine Situation erkennen. Auf der anderen Seite auch eine gute Personalpolitik. Darunter fallen zum Beispiel die Benennung einer Ansprechperson, an die man sich in solchen Fällen wenden kann, sorgfältige Personalauswahl, dass die Stelle wirklich zum Bewerber passt und eine Sensibilität bei der Stellenausschreibung, um nicht von Anfang an falsche Erwartungen zu wecken.

➔ **Ständige Erreichbarkeit reduzieren**
Diese Maßnahme ist wieder der Verhältnisebene zuzuordnen. Ständige Erreichbarkeit setzt Ihre Mitarbeiter unter Stress. Deswegen sind vor allem größere Unternehmen dazu übergegangen, dass Mitarbeiter im Urlaub oder in der Freizeit keinen Zugriff auf Ihre E-Mails haben. Wenn es bei

Ihrer Analyse das Ergebnis geben sollte, dass das auch bei Ihnen im Unternehmen ein großes Thema ist, sollten Sie mit der IT-Abteilung bzw. mit Ihrem externen EDV-Dienstleister über mögliche Lösungen sprechen. Die deutschen Automobilhersteller setzen hier schon seit einigen Jahren auf eine klare E-Mailpolitik. Wie VW oder Daimler mit E-Mails umgehen, erfahren Sie bei den Best Practice Beispielen.

In der Analyse stellen Sie wieder fest, welchen Verbesserungsbedarf Sie in diesem Bereich haben. Bieten Sie Ihren Mitarbeitern je nach den Bedürfnissen wieder einen guten Mix an. Möglich wäre zum Beispiel die Schaffung eines Ruheraumes und regelmäßige Entspannungseinheiten.

Es fiel nun schon öfter das Stichwort „Gesundes Führen", um zum Beispiel Depressionen zu vermeiden. Was das genau ist, erfahren Sie jetzt:

Gesundes Führen

Führung wurde viele Jahrzehnte als eine harte Hierarchie gesehen, wo der Obere auf den Unteren Druck ausübt, um ihn so zu Höchstleistungen treiben zu können. Dieser alte patriarchische Führungsansatz stellte sich jedoch als nicht ideal heraus. Sie brauchen in Ihrem Unternehmen also Führungskräfte mit einem neuen, modernen und gesunden Führungsansatz.

Gute Führungskräfte wirken sich sehr stark auf Ihren Unternehmenserfolg aus. Sie haben eine Vorbildfunktion und direkten Einfluss auf das Betriebsklima und die Motivation der Mitarbeiter. Schlechte Führung hingegen kann Mitarbeiter unter Stress setzen, Krankenstände auslösen und sorgt für ein schlechtes Betriebsklima.

Jede Führungskraft hat meistens in irgendeinem Unternehmen als Fachkraft angefangen. Mit dem Aufstieg in der Karriereleiter reduzieren sich die Fachaufgaben immer mehr und die jeweilige Person ist immer mehr mit Führungstätigkeiten konfrontiert. Das einzige Problem dabei: Meistens hat man zwar eine fundierte fachliche Ausbildung, das richtige Führungsverhalten wurde aber nie gelernt. Im Regelfall sieht es nämlich so aus, dass, wenn eine Fachkraft gute Arbeit leistet, sie früher oder später in einer Führungsposition eingesetzt wird und dann auch für Mitarbeiter verantwortlich ist – wie man die Mitarbeiter gesund führt, hat dem beförderten Mitarbeiter aber nie wer gezeigt.

Hier kommen Sie nun als Dienstgeber ins Spiel! Sie können diesen Umstand aktiv beeinflussen. Bilden Sie die Mitarbeiter im Unternehmen zu guten Führungskräften aus und zeigen Sie Ihnen, wie man anerkennend und wertschätzend mit den Mitarbeitern umgeht, Kritik und Verbesserungspotential richtig vermittelt und an die Mitarbeiter klare Anforderungen stellt.

Auf den ersten Blick ist einem meistens nicht bewusst, wie viel Auswirkung Ihre Führungskräfte auf das ganze Unternehmen haben. Deswegen ist die gesunde Führung ein wichtiger Baustein der betrieblichen Gesundheitsförderung.

<u>2 Maßnahmen für gesundes Führen:</u>

➔ **Mentoren**

Bauen Sie ein Mentorennetzwerk für junge Führungskräfte auf. Speziell am Anfang ist man froh, wenn man sich einen älteren, erfahreneren Kollegen anvertrauen kann und mit ihm bestimmte Situationen diskutieren und seine Meinung einholen kann. Dies gibt Ihren jungen Führungskräften von

Anfang an einen sicheren Halt und hält das Know-how in Ihrem Unternehmen.

➔ **Workshops, Seminare, Trainings**
Ihre Führungskräfte brauchen sowohl ein gutes theoretische Fundament als auch viele Praxistrainings. Erstellen Sie hier einen guten Mix aus Angeboten für Ihre Führungskräfte, damit sie von der Pike auf lernen, wie man Mitarbeiter gesund führt und mit Konfliktsituationen umgeht.

In vielen Unternehmen gibt es bereits eigene Trainee-Programme, in denen die Führungskräfte von Morgen ausgebildet werden. Bringen Sie hier bereits bestehende Angebote in Einklang mit Ihrer betrieblichen Gesundheitsförderung. In kleineren Unternehmen betrifft dies vor allem die oberste Ebene. Auch hier sollte der Chef sensibilisiert werden und an einem gesunden Führungsstil arbeiten.

Diverse BGF-Maßnahmen *(6 zusätzliche Ideen für die BGF)*

Nun haben Sie bereits die wichtigsten Maßnahmen kennengelernt, die Sie in der betrieblichen Gesundheitsförderung umsetzen können. In folgendem Abschnitt finden Sie noch ein paar Maßnahmen, die ebenfalls wichtig sein können, bis jetzt aber noch in keine Kategorie gepasst haben:

➔ **Kommunikation**
Eine gute Kommunikation ist das A und O in jedem Unternehmen. Die betriebliche Gesundheitsförderung besteht ebenfalls daraus, bestehende Kommunikationsmethoden und Informationsflüsse zu hinterfragen. Hier kann es sinnvoll sein, wenn Sie hier Verbesserungsbedarf erkennen, den Mitarbeitern Kommunikationsworkshops anzubieten, damit Ihre Kommunikation unternehmensintern verbessert wird.

Ebenfalls ein wichtiges Thema ist das Konfliktmanagement unter Kollegen. Auch hier könnten Workshops zu diesem Thema eine Möglichkeit sein. Sollten Sie durch die Analyse bemerken, dass bestimmte Konflikte schon sehr fortgeschritten sind, können Sie auch einen externen Mediator zuziehen, der mit den betroffenen Kollegen / Abteilungen die Konflikte aufarbeitet.

➔ **Gesundes Abnehmen**
Von amerikanischen Verhältnissen sind wir zwar noch weit entfernt, jedoch werden auch die Österreicher und Deutschen immer schwerer. Um richtig abzunehmen, braucht es eine professionelle Betreuung. Mit zusätzlich installierten Coaches unterstützen Sie Ihre Mitarbeiter bei diesem Prozess. Mit den Bewegungs- und Ernährungsangeboten legen Sie dafür eine gute Basis und mit der zusätzlichen Betreuung sind Ihre Mitarbeiter bestens aufgehoben und erreichen garantiert ihr ganz persönliches Gewichtsziel.

➔ **Suchtprävention** (Drogen, Medikamente, Alkohol)
Auch die Suchtprävention kann eine Rolle in Ihrem Unternehmen spielen. Vor allem Berufsgruppen mit Schichtarbeit können hier betroffen sein.

➔ **Mobbing**
Ausgrenzung und Mobbing sorgt für ein schlechtes Betriebsklima und bei den Betroffenen für Stress, Depressionen bis hin zu einem Burnout, weil sie nicht mehr in die Arbeit gehen wollen. Sollten Sie merken, dass es zu Mobbing in Ihrem Unternehmen kommt, sollten Sie sofort dementsprechende Maßnahmen ergreifen und alles aufarbeiten.

- **Massagen**
  Auch eine beliebte Form, die Gesundheit seiner Mita zu unterstützen, ist Massagen im Unternehmen anzub Es gibt verschiedene Modelle, wie die Massagen abgewickelt werden. Bei manchen Firmen finden die Massagen in der Arbeitszeit statt, bei anderen werden sie sogar zur Gänze gezahlt. Massagen sind in der Firma bestimmt ein nettes Goodie für die Mitarbeiter, um ihnen zu zeigen, dass sie wertgeschätzt werden. Langfristig sollte aber eine Lösung angestrebt werden, mit der direkt die Ursachen und nicht die Symptome bekämpft werden. Für Büroangestellte eignet sich dazu zum Beispiel das weiter oben besprochene Bürocoaching, indem typische Büroprobleme wie Rückenschmerzen oder Nackenverspannungen direkt im Büro langfristig vorgebeugt werden.
- **Gehirnjogging**
  Die letzte Aktion, die sie noch setzen können, ist ein Gehirnjogging-Workshop. Dieser Workshop aktiviert die Lern-, Konzentration- und Gehirnleistung. Die Übungen, die Ihre Mitarbeiter lernen, helfen Ihnen auch im Berufsalltag weiter. Nach dem Studium bzw. der Ausbildung wird das Gehirn nicht mehr so gefordert, deswegen kann hier ein Gehirnjogging-Workshop eine willkommene Abwechslung sein.

Sie kennen nun eine Vielzahl an Maßnahmen, die Sie in Ihrem Unternehmen umsetzen können! Falls Sie sich von den Auswahlmöglichkeiten erschlagen fühlen, machen Sie bewusst einmal einen Schritt zurück. Nach der Analyse wissen Sie, welche Schwerpunkte es geben wird bzw. wo der größte Bedarf herrscht.

Sie müssen dabei nicht alles gleichzeitig umsetzen, sondern haben Zeit, alle Vorhaben, die gut zu Ihrem Unternehmen passen, Schritt für Schritt umzusetzen. BGF ist kein Sprint, sondern ein Marathon von immer wieder kontinuierlich umgesetzten Maßnahmen und Aktionen.

5 weitere Ideen für die betriebliche Gesundheitsförderung, finden Sie in der kostenlosen 7-seitigen PDF-Datei unter http://bit.ly/bgf-ideen

Bonuskapitel: Der perfekte Firmenlauf

Im Frühjahr steigt nicht nur die Motivation für seine Gesundheit wieder mehr zu tun, sondern auch die Motivation, für seine Mitarbeiter wieder mehr Gesundheitsmaßnahmen umzusetzen. Damit dabei nichts schief geht, bekommen Sie in diesem Bonuskapitel wertvolle Tipps wie der perfekte Firmenlauf gelingt.

Ein gemeinsames Ziel

Der Zusammenhalt in einem Unternehmen ist sehr wichtig. Sport verbindet bekanntlich und ein gemeinsames Ziel auch! Eine sehr kostengünstige Maßnahme, von der Sie sofort profitieren, ist, an einem Firmenlauf teilzunehmen. Meistens geschieht dies in 3er-Teams, und jedes Team kann sich sein eigenes individuelles (Zeit-)Ziel setzen. Somit schlagen Sie gleich zwei Fliegen mit einer Klappe: Ihre Mitarbeiter werden auf der einen Seite zu einem Team zusammen geschweißt und auf der anderen Seite verbessert jeder für sich seinen Gesundheitszustand durch die Laufvorbereitung.

So unterstützen Sie Ihre Mitarbeiter richtig!

Ihre Mitarbeiter unterstützen Sie in der Laufvorbereitung am besten mit einem Laufcoaching und Trainingsplänen in den Stufen Anfänger und Fortgeschrittene. Mit diesem starken Fundament, das Sie Ihren Mitarbeitern bieten, kann jeder ehrgeizig auf sein Ziel hinarbeiten.

Durch wöchentliche Lauftreffs tragen Sie zusätzlich zum Erfolg bei. Ihre Mitarbeiter bereiten sich unter professioneller Anleitung vor und müssen sich um das Training bzw. die Laufvorbereitung keine Gedanken machen, da von Ihnen bereits alles perfekt durchgeplant ist.

Bieten Sie die Lauftreffs 1 bis 2 Mal in der Woche an. Dabei sollten Sie wieder auf die verschiedenen gesundheitlichen Voraussetzungen Ihrer Mitarbeiter Rücksicht nehmen und die Laufgruppen zumindest in Anfänger und Fortgeschrittene unterteilen. Stellen Sie sich außerdem die Frage, ob ein externer Trainer die Führung des Lauftreffs übernimmt oder Sie einen Mitarbeiter im Unternehmen haben, der diese Aufgabe ausfüllen kann.

Vergessen Sie bei der Vorbereitung nicht, dass es nicht nur um das Ausdauertraining geht, sondern auch die Muskulatur Ihrer Mitarbeiter gestärkt gehört. Durch die ungewohnte Belastung benötigen Ihre Mitarbeiter sehr viel Stabilität in Ihrem Bewegungsapparat, um die neue Bewegung auszugleichen und richtig auszuführen. Bieten Sie hier entweder einen Extrakurs an oder integrieren Sie in den Trainingsplan diese Einheit als kleine „Hausübung".

Sind Sie schon seit Jahren bei einem Firmenlauf vertreten, wäre eine neue Variante, um Ihre Mitarbeiter in der Vorbereitung zu unterstützen, eine Laufschuhberatung direkt in Ihrem Unternehmen anzubieten. Hier bekommen Ihre Mitarbeiter eine individuelle Laufanalyse und aufgrund dieser berät Sie der Fachmann, welcher Laufschuh am besten zu Ihnen passt. Ist es Ihr erstes Jahr bei einem Firmenlauf können Sie die Beratung natürlich auch anbieten, versuchen Sie jedoch nicht zu viel gleichzeitig umzusetzen!

Standardtrainingsplan oder zu 100% individuell?

Einen Trainingsplan sollten Sie auf jeden Fall zur Verfügung stellen, damit auch die Anfänger sich richtig und zielgerichtet auf den Lauf vorbereiten können. Vor allem Anfänger neigen dazu, ohne Konzept „einfach darauf los zu laufen" – das erzeugt sehr viel Frust aufgrund der fehlenden Trainingserfolge.

Beim Trainingsplan haben Sie nun zwei Möglichkeiten: Entweder Sie stellen (wie schon erwähnt) einen Standardtrainingsplan in den Stufen Anfänger und Fortgeschrittene zusammen bzw. beauftragen einen Lauftrainer, der das für Sie übernimmt, oder Sie geben Ihren Mitarbeitern die Möglichkeit, einen 100% auf sie angepassten Trainingsplan zu bekommen.

Der Vorteil am individuell angepassten Trainingsplan liegt darin, dass wirklich auf den körperlichen Zustand Ihrer Mitarbeiter eingegangen wird, individuelle Dinge wie die vorhandenen Zeitressourcen miteinbezogen werden und Ihre Mitarbeiter wichtige Basisinformationen wie den richtigen Pulsbereich bekommen.

Das Instrument dazu ist eine sportärztliche Untersuchung. In dieser macht der Sportarzt ein Belastungs-EKG, untersucht muskuläre Dysbalancen und oft auch das Blutbild. Aufgrund der erhobenen Ergebnisse stellt der Sportarzt nun einen individuellen Trainingsplan zusammen. Ein besonderes Zuckerl bzw. Motivator kann für Ihre Mitarbeiter eine zweite sportärztliche Untersuchung sein, in der festgestellt wird, wie sich der körperliche Zustand verändert hat. In der zweiten Untersuchung gibt Ihnen der Sportarzt außerdem einen angepassten Trainingsplan für den Alltag mit, mit dem Sie sich weiter fit halten können.

Zeitrahmen | Wie lange dauert die Vorbereitung?

Damit sich Ihre Mitarbeiter gut und ausgiebig auf den Firmenlauf vorbereiten können, benötigen diese mindestens 8 bis 12 Wochen Vorbereitungszeit. Für Sie als Verantwortliche/r bedeutet das, dass Sie mindestens 3 bis 4 Monate vorher mit der Planung beginnen sollten. Erstellen Sie einen Zeitplan, bis wann welche Dinge erledigt sein müssen und klären Sie Fragen wie: Wann sollte der Firmenlauf spätestens offiziell ausgeschrieben werden? Wann starten die

Gruppentrainings und das Laufcoaching? Planen Sie außerdem reichlich Puffer ein!

Vor allem bei den T-Shirts sollten Sie genug Vorlaufzeit einplanen. Erfahrungsgemäß gibt es hier oft Verzögerung. Zu spät gelieferte T-Shirts wären nämlich ein sehr großer Fauxpas – vor allem, wenn diese an diesen speziellen Firmenlauf angepasst sind! Regeln Sie deswegen unbedingt in Ihrer Bestellung, dass das Lieferdatum klar vermerkt ist, damit der Lieferant um die Wichtigkeit der Pünktlichkeit Ihrer Bestellung weiß. In seltenen Fällen kann das Vereinbaren einer Vertragsstrafe auch eine Möglichkeit sein.

Zeitplan:

- ➔ 4 Monate vor Lauf:
    - Aussuchen des passenden Firmenlaufes
    - Brainstorming wie Vorbereitung aussehen sollte und Definition, was alles umgesetzt wird
    - Mit Marketing Absprache wegen Laufshirts halten
    - Fixieren wichtiger Termine (wie Gruppentrainings, Anmeldeschluss für Lauf und wann Sie T-Shirt-Druckauftrag spätestens übermitteln müssen)
- ➔ 3 Monate vor Lauf:
    - Offizielles Ausschreiben von Lauf mit allen relevanten Terminen
    - Laufschuhberatung in Firma
    - Sportärztliche Untersuchung
    - Coaching für Ihre Läufer durch Laufprofi
    - Bereitstellen der Trainingspläne
    - Beginn der Lauftreffs

- ➔ 1 Monat vor Lauf
  - Erteilung des endgültigen Druckauftrages für die T-Shirts (eventuell muss dieser Punkt bereits vorher erledigt werden, je nach Vorlaufzeit Ihres Lieferanten)
- ➔ 1 Woche bis 1 Tag vor Lauf
  - Ausgabe Startsackerln + Ihrer Firmenshirts
- ➔ Am Lauftag
  - Spaß haben (während dem Lauf und bei der Afterparty)
- ➔ Nach dem Lauf
  - 2. Sportärztliche Untersuchung
  - Feedback von Teilnehmern einholen und Evaluation gesetzter Maßnahmen

Passen Sie diesen Zeitplan noch nach Ihren Bedürfnissen und Umständen an. Er stellt für Sie eine Orientierungshilfe dar, damit Sie ein erstes Grundkonzept für Ihre erfolgreiche Organisation haben.

Mitarbeiter mit Einschränkungen

Natürlich muss man auch Mitarbeiter mit Einschränkungen (wie Knieproblemen) oder ältere Arbeitnehmer miteinbeziehen. Für diese eignet sich Nordic Walking sehr gut. Dabei vereint die Teilnahme wiederum alle Punkte von vorhin: Die Mitarbeiter haben im 3er-Team ein gemeinsames Ziel, jeder verbessert seinen Gesundheitszustand und es stärkt den Teamzusammenhalt. Damit Ihre Mitarbeiter optimal vorbereitet sind, können Sie sich auch hier überlegen, ein Nordic Walking-Training bzw. dementsprechende Nordic Walking-Treffs anzubieten. Ein Training für die Grundtechnik wäre für Ihre Mitarbeiter sehr wichtig, weil man beim Nordic Walking mehr Dinge falsch machen kann, als man denkt.

Was kostet's?

Eine der wichtigsten Fragen, in jedem Unternehmen ist, wie viel eine Maßnahme kostet. Wie vorhin schon angesprochen ist eine Laufteilnahme sehr günstig. Die Investition pro Mitarbeiter beträgt nur rund 20€ für die Teilnahmegebühr. Das Laufcoaching wird Sie ungefähr 60€ bis 150€ pro Stunde kosten. Was beim Lauf auf keinen Fall fehlen sollte, sind einheitliche Laufleibchen für Ihre Teams. So sind Sie als Unternehmen in der Öffentlichkeit präsent und Ihre Mitarbeiter werden sich mit Ihrem Unternehmen mehr identifizieren können.

Bei den T-Shirts müssen Sie mit einer Investition von rund 25€ rechnen – je nachdem welche Qualität Sie wollen und wie viel Aufdrucke am T-Shirt sind. Da das Gesundheitsbudget oft beschränkt ist, können Sie bei der Finanzierung der T-Shirts ein wenig in die Trickkiste greifen: Die Marketingabteilung hat sicherlich mehr Budget als Sie. Reden Sie einmal mit dem Verantwortlichen und zeigen Sie ihm, mit welch kleiner Investition (für seine Verhältnisse) er bereits einen großen Werbeeffekt erzielen kann. Die T-Shirts sind nämlich nicht nur beim Lauf selbst, sondern auch später auf den Fotos etc. zu sehen. Außerdem kann das Thema schön auf den Social Media-Kanälen des Unternehmens aufgegriffen werden.

Der teuerste Kostenposten ist die sportmedizinische Untersuchung. Jeder Teilnehmer kostet hier um die 200€ – je nach Region und Anbieter variieren die Kosten hier sehr. Deswegen tragen die Mitarbeiter die Durchführungsgebühr oft selbst. Um Ihre Mitarbeiter trotzdem unterstützen zu können und eine Kostenreduktion zu bewirken, handeln Sie mit einem Sportmediziner in Ihrer Stadt am besten ein spezielles Paket für Ihre Mitarbeiter aus, damit sie eine hohe Motivation haben dieses in Anspruch zu nehmen. Denn vor allem für Anfänger stellt die sportärztliche Untersuchung ein wichtiges Fundament dar, damit auch gesundheitliche Risiken im Vorhinein ausgeschlossen werden. Falls Ihre Firma einen Betriebsarzt hat, setzen Sie sich mit diesem einmal in Verbindung, ob er die Möglichkeit hat mit Ihren Mitarbeitern ein Belastungs-EKG durchzuführen und darauf basierend individuelle Trainingspläne zu erstellen. So könnten Sie bei diesem Punkt eventuell viel Geld sparen, indem Sie auf vorhandene Ressourcen zurückgreifen.

Seien Sie der Motivator #1

Ihre wichtigste Aufgabe in der betrieblichen Gesundheitsförderung ist, der Motivator zu sein. Nur eine allgemeine E-Mail über die geplante Laufteilnahme auszuschreiben, reicht nicht! Bringen Sie den Stein ins Rollen und sprechen Sie Ihre Mitarbeiter persönlich an. So erzeugen Sie eine Eigendynamik im Unternehmen und leisten einen wertvollen Beitrag zur Gesundheit Ihrer Mitarbeiter. Im Idealfall profitieren Sie von dieser Aktion langfristig, weil der eine oder andere nun auf den Geschmack gekommen ist. Selbst wenn nach dieser Maßnahme nur ein einziger Mitarbeiter mehr Sport macht, ist das für das Unternehmen bereits ein großer Gewinn.

Nun sind Sie mit den ersten Impulsen bestens vorbereitet für einen erfolgreichen Firmenlauf. Sie wollen noch mehr Tipps und Hilfe haben? Unter http://bit.ly/bgf-ideen finden Sie eine 7-seitige PDF-Datei mit 4 weiteren Ideen für die betriebliche Gesundheitsförderung, die Sie kostenlos downloaden können. Laden Sie sich die Datei am besten jetzt gleich herunter!

Wie beginnt man am besten mit BGF?

(Kostenlose Unterstützung)

Am Anfang der betrieblichen Gesundheitsförderung wird die meiste Arbeit auf Sie warten! Sie müssen die Strukturen schaffen und den ganzen Prozess ins Rollen bringen. Dabei sind Sie aber zum Glück nicht auf sich alleine gestellt. Die meisten **Krankenkassen** begrüßen es sehr, wenn Sie für die Mitarbeitergesundheit etwas machen wollen und etablieren mit Ihnen gerne die betriebliche Gesundheitsförderung in Ihrem Unternehmen.

Dabei bekommen Sie sowohl finanzielle als auch personelle Unterstützung. Die Krankenkassen unterstützen Sie meistens zuerst in der Analyse- und dann am Ende in der Evaluationsphase. Sie bekommen hierbei Hilfe bei den Mitarbeiterbefragungen, bei Altersstruktur- oder Krankenstandsdatenanalysen. Ebenfalls fördern die Krankenkassen oft einen externen Experten, der mit Ihnen die Gesundheitszirkel durchführt. Nach der Umsetzungsphase greift Ihnen Ihre Krankenkasse bei der Evaluation aller Maßnahmen wieder unter die Arme. So können Sie sich bei allen Erhebungen und Analysen auf kompetente Experten verlassen, die das tagtäglich in Unternehmen machen und sparen in Ihrem Unternehmen zeitgleich personelle und finanzielle Ressourcen.

Was auf alle Fälle hilfreich ist, ist, sich mit Unternehmen zu **vernetzen**, die ebenfalls mit der betrieblichen Gesundheitsförderung starten bzw. diese schon erfolgreich umsetzen. Hier können Sie gegenseitig von Ihren Erfahrungen profitieren und sich so kostspielige Fehler sparen. Im Idealfall hat das andere Unternehmen ungefähr dieselbe Größe wie Ihres, damit die ausgetauschten Erfahrungen auch gut anwendbar auf die Unternehmen sind.

Am Anfang kennen Sie wahrscheinlich nur wenige oder oft auch gar keine anderen BGF-Verantwortlichen. Deswegen haben wir für Sie 8 Möglichkeiten zusammengestellt, wie Sie sich am besten vernetzen können.

8 Möglichkeiten, BGF-Verantwortliche kennenzulernen:

- **Messen**
  Wie in jedem Bereich gibt es auch in der betrieblichen Gesundheitsförderung Fachmessen. Hier können Sie auf der einen Seite interessante Anbieter kennenlernen, die Sie bei diesem Thema unterstützen, und auf der anderen Seite eben Gleichgesinnte finden, mit denen Sie sich austauschen können. Bei dieser Variante müssen Sie am meisten extrovertiert sein, da Sie die anderen Messebesucher einfach ansprechen und mit Ihnen ins Gespräch kommen müssten. Wenn Sie nicht so gerne auf fremde Leute zugehen, eignen sich die anderen Varianten besser für Sie.
- **Kongresse**
  Im Unterschied zu Messen haben Kongresse einen fixen Ablaufplan für Vorträge, an denen ein großes, gleichbleibendes Publikum teilnimmt. Von den Vorträgen und den Diskussionsrunden können Sie wertvollen Input mitnehmen und in den Kaffee- und der Mittagspause kommen Sie dann mit den anderen Teilnehmern ganz einfach und unverfänglich ins Gespräch. Hier können Sie sicher den ein oder anderen wertvollen Kontakt mitnehmen, um sich in Zukunft öfter auszutauschen!
- **Events von Ihrer Krankenkasse**
  Auch die meisten Krankenkassen bieten immer wieder Events zur betrieblichen Gesundheitsförderung an. Oft sind es Preisverleihungen, bei denen Unternehmen, die bereits

die betriebliche Gesundheitsförderung erfolgreich in ihr Unternehmen integriert haben, ausgezeichnet werden, oder Netzwerktreffen zwischen den BGF-Verantwortlichen (das ist der Jackpot für Sie!). Der Vorteil hierbei ist, dass Sie an diesen Events vollkommen kostenlos teilnehmen können und Sie eine große Menge an BGF-Verantwortlichen in einem Saal versammelt haben.

➔ **Anruf direkt bei Firmen**
Mutige – die nicht auf Veranstaltungen oder besondere Events warten wollen – können auch direkt bei Firmen anrufen, von denen Sie wissen, dass Sie eine gute betriebliche Gesundheitsförderung haben, und sich mit dem oder der Verantwortlichen verbinden lassen. Wenn Sie gerne in Kontakt treten wollen, jedoch nicht so gerne telefonieren, können Sie auch noch darauf hoffen, dass Ihnen die Vermittlung die E-Mailadresse der jeweiligen Person anbietet. Aufgrund von immer strikteren Datenschutzrichtlinien bekommt man diese jedoch immer schwerer.

➔ **Seminare, Fortbildungen**
Zur betrieblichen Gesundheitsförderung gibt es auch immer wieder spannende Fortbildungen und Seminare. Hier bekommen Sie an einem Tag neue Trends, Best Practice Beispiele und wertvolle Tipps vermittelt. So lernen Sie wieder viele interessante Dinge für Ihr Unternehmen und treffen ganz nebenbei viele neue Leute, die meistens auch alleine – wie Sie – beim Seminar sind, und sich über jedes interessante Gespräch freuen.

➔ **E-Mail an uns**
Auch wir stehen in Kontakt mit vielen Firmen, die für Ihre Mitarbeiter Maßnahmen in der betrieblichen

Gesundheitsförderung umsetzen. Vielleicht kennen wir ja jemanden aus Ihrer Region, der ungefähr dieselbe Unternehmensgröße wie Sie hat. Schreiben Sie uns eine E-Mail an office@corpusmotum.com und wir werden versuchen, Ihnen weiterzuhelfen. Wie der Zufall es oft so will, befindet sich in unserem Netzwerk dann genau eine oder mehrere Personen, die perfekt zu Ihnen passen.

➔ **Facebook / XING Gruppen**
Auf Facebook und XING gibt es viele Gruppen zur betrieblichen Gesundheitsförderung. Auch hier können Sie Ihr Glück einmal versuchen. Gefühlt tummeln sich in diesen Gruppen aber eher Anbieter von Dienstleistungen und nicht so viele BGF-Verantwortliche selbst.

➔ **Einfach einmal auf Facebook fragen**
Abgesehen von den fachspezifischen Gruppen können Sie auch Ihre Freunde auf Facebook fragen. Oft kennt jemand jemanden, der einen anderen kennt, und schon ist der Kontakt hergestellt!

Mit diesen vielen Möglichkeiten finden Sie bestimmt jemanden aus Ihrer Region mit einer ähnlichen Unternehmensgröße, mit dem Sie sich gut austauschen können. Picken Sie sich nun ein bis zwei Kontaktmöglichkeiten heraus und kommen Sie ins Handeln und finden Sie Ihre/n persönliche/n Austauschpartner.

Vermarktung der betrieblichen Gesundheitsförderung

„Tue Gutes und rede darüber" – dieses Zitat haben Sie sicher schon einmal gehört. Auch in der betrieblichen Gesundheitsförderung ist die Vermarktung sowohl unternehmensintern als auch –extern wichtig.

ichen Sie also hohe Teilnehmerzahlen und ein gutes Image 'entlichkeit?

➔ **Nutzen Sie Ihr unternehmensinternes Knowhow**
Im Zuge des Prozess der betrieblichen Gesundheitsförderung sollten Sie sich nicht nur Gedanken machen, welchen Verbesserungsbedarf es in Ihrem Unternehmen gibt und welche Maßnahmen Sie setzen können, sondern auch wie Sie alles vermarkten. Bringen Sie dazu alle wichtigen Ansprechpartner an einen Tisch. Binden Sie Ihre Marketingabteilung, die Personalabteilung und das Gesundheitsteam ein. Eventuell können Sie auch Ihren Vertrieb mit ins Boot holen, weil, wenn wer weiß, wie verkaufen geht, dann ist es Ihr Salesteam! Erarbeiten Sie ein Konzept, wie die Kommunikation abläuft, damit Sie überall so viele Mitarbeiter wie möglich begeistern können. Überlegen Sie sich außerdem auch, wie Sie die betriebliche Gesundheitsförderung nach Außen vermarkten wollen. Sie haben ein Expertenteam an einem Tisch sitzen, wo jeder einen anderen Blickwinkel einbringt, nutzen Sie das Potential in Ihrem Unternehmen!

➔ **Interne Vermarktung**
Sie können die besten Maßnahmen perfekt abgestimmt auf Ihre Mitarbeiter anbieten, wenn diese jedoch keiner in Anspruch nimmt, war die ganze investierte Zeit und das investierte Geld nur eine Verschwendung! Ihre Betriebliche Gesundheitsförderung ist nur so gut wie Ihre Kommunikation. Überlegen Sie sich deswegen genau mit Ihrem Expertenteam, wie Sie die Mitarbeiter am besten erreichen und diese mobilisieren können. Nutzen Sie alle Möglichkeiten, die Ihnen zur Verfügung stehen: E-Mails, das Intranet, Aushänge, Bildschirme im Unternehmen,… – alle

Ihre Mitarbeiter sollen über alle Aktivitäten bestens informiert sein. Wenn Sie in einem kleineren bis mittleren Unternehmen arbeiten, benutzen Sie ein weiteres wichtiges Werkzeug: Die persönliche Ansprache! Verbreiten Sie alles wie ein Lauffeuer und erzeugen Sie eine Gruppendynamik. Seien Sie der größte Motivator!

➔ **Auftaktveranstaltung** (Anwesenheitspflicht)
Eine sehr wertvolle und wichtige Zeitinvestition am Anfang ist die Auftaktveranstaltung zu Ihrem Gesundheitsprogramm! Hier sollten wirklich alle Ihre Mitarbeiter teilnehmen, dass Sie sie umfangreich über die Pläne informieren und sie motivieren können, um hohe Teilnahme- und Rückmeldungsquoten zu erreichen. Zeigen Sie im Kick-off Ihren Mitarbeitern vor allem, dass das Programm speziell für sie zusammengestellt wird und sie einen hohen Mitgestaltungsgrad haben, was im Endeffekt umgesetzt wird. Eine gute Auftaktveranstaltung stellt den Start zu Ihrem erfolgreichen betrieblichen Gesundheitsmanagement dar!

➔ **App** (BGF 4.0)
Hat Ihre Firma schon eine eigene firmeninterne App, über die kommuniziert wird? Wenn Sie bereits so eine innovative Lösung umgesetzt haben, können Sie auch über diesen Kanal mit Ihren Mitarbeitern in Kontakt treten. Vielleicht gibt es auch eine Möglichkeit, Kurzumfragen direkt in der App zu erstellen. Wenn Sie zwischen zwei Programmpunkten schwanken, dann fragen Sie einfach Ihre Mitarbeiter, welcher Ihnen besser gefällt. Das ist Betriebliche Gesundheitsförderung 4.0!

Sind Sie ein größerer Konzern und verfügen über größere,

budgetäre Mittel, können Sie sich auch überlegen, ob Sie eine App umsetzen wollen. Diese App bietet Ihren Mitarbeitern dann gemeinsam ausgearbeitete Inhalte wie Kurzentspannungseinheiten, Tipps zum richtigen Abschalten, Rezeptvorschläge für Zuhause für das Abendessen oder Übungen direkt für den Arbeitsplatz. Diskutieren Sie in Ihren Gesundheitszirkeln, ob Sie mit diesem Lösungsansatz bestehende Probleme und Verbesserungspotentiale lösen könnten. Wenn Sie dann Hilfe bei den Übungen für den Arbeitsplatz benötigen, helfen wir Ihnen gerne weiter! Unter anderem haben wir schon Videos für die Kronen Zeitung mit 2,3 Millionen Lesern produziert.

➔ **Social Media** (seien Sie social!)
Doch nicht nur intern sollte die Kommunikation stimmen, sondern auch extern. Wägen Sie mit Ihrer Marketingabteilung ab, wie Sie Ihr Gesundheitsprogramm am besten öffentlich vermarkten können. Verfügt Ihr Unternehmen über Social Media-Kanäle? Dann machen sich Bilder von Ihren Aktivitäten auf Facebook oder Instagram dazu gut und lockern die anderen Inhalte auf. Weiters geben Sie zum Beispiel mit einem Imagefilm über Ihr Gesundheitsprogramm einen sehr persönlichen Einblick in Ihr Unternehmen und zeigen, welche Maßnahmen schon umgesetzt wurden. Das sichert Ihnen die Sympathien Ihrer nächsten möglichen Bewerber! Ihrer Kreativität sind bei der Umsetzung keine Grenzen gesetzt. Umso kreativer Sie alles gestalten, umso besser wird es auch in der Öffentlichkeit ankommen!

➔ **Website** (für zukünftige Bewerber attraktiv machen)
Auch für Ihre zukünftigen Mitarbeiter ist Ihr betriebliches

Gesundheitsmanagement interessant! In Zusammenarb mit der Marketing- und Personalabteilung sollten Sie si überlegen, wie Sie diesen wichtigen Punkt in Ihre Stellenausschreibungen und allgemein in Ihre Karriereseite integrieren. Vielleicht ist das der ausschlaggebende Punkt, warum die besten Bewerber das nächste Mal unbedingt in Ihrem Unternehmen arbeiten wollen?

➔ **Öffentlichkeitsarbeit** (in den regionalen Medien vermarkten)
Das Thema Vermarktung beenden wir mit dem eingangs erwähnten Zitat: „Tue Gutes und rede darüber". Zeigen Sie auch den regionalen Medien, dass Ihnen die Mitarbeiter wichtig sind und was Sie alles für die Mitarbeiter in der Region umsetzen. Durch diese positive PR profitiert Ihr Unternehmensimage und Sie positionieren sich als einer der Vorreiter, wenn es um die betriebliche Gesundheitsförderung in Ihrer Region geht.

Fallstricke in der betrieblichen Gesundheitsförderung *(Tipps für Unternehmen)*

Am Anfang lauern auch in der betrieblichen Gesundheitsförderung viele Gefahren. Deswegen haben wir für Sie abschließend noch 5 Tipps zusammengestellt, mit denen Sie garantiert ein modernes, innovatives Gesundheitsmanagement haben:

➔ **Zu monoton, keine Abwechslung**
Versuchen Sie in Ihre betriebliche Gesundheitsförderung immer wieder neue Dinge einfließen zu lassen! Jedes Jahr komplett das gleiche Programm anzubieten, ist keine gute Idee. Am Anfang verzeichnen Sie noch hohe

Teilnehmerzahlen, mit der Zeit gehen diese jedoch gegen Null. Finden Sie heraus, welche Klassiker Ihre Mitarbeiter jedes Jahr haben wollen und würzen Sie Ihr Gesundheitsprogramm dann immer wieder mit neuen Dingen – Sie können die beste Suppe kochen, jedoch darf das Salz nicht fehlen! Wie bei den Maßnahmen bereits erwähnt, ist es besser, bestimmte Kurse (wie einen Yoga-Kurs) lieber als 10 Einheiten-Block ein oder zwei Mal im Jahr anzubieten, als das ganze Jahr durchgehend jede Woche eine Yogastunde. Der Mensch ist zwar ein Gewohnheitstier, braucht jedoch auch immer wieder neue Impulse, sonst langweilt er sich schnell.

➔ **Spaß sollte im Vordergrund stehen**
Bei den Dienstleistern, die mit Ihnen zusammen das Gesundheitsprogramm durchführen, gibt es große Unterschiede. Versuchen Sie wirklich gute Anbieter zu finden, die Ihren Mitarbeitern alle Themen mit viel Spaß und Humor näher bringen. Nichts wird Ihre Mitarbeiter mehr abschrecken, als eine trockene, theoretische Einheit nach einem anstrengenden Arbeitstag. Durch die richtige Auswahl des Anbieters freuen sich Ihre Mitarbeiter auf jede Einheit, jeden Workshop und jedes Seminar! Wenn die betriebliche Gesundheitsförderung im Unternehmen allen Spaß macht, haben Sie bereits einen der wichtigsten Bausteine.

➔ **Gute Kommunikation**
Kommunikation, Kommunikation, Kommunikation. Dieses Wort haben Sie bereits oft genug gehört. Sie wissen mittlerweile, dass die Kommunikation in der betrieblichen Gesundheitsförderung das A und O ist. Ihre Mitarbeiter sollten stets gut informiert sein und auch jederzeit die

Möglichkeit haben, Feedback zu geben bzw. Ideen einzubringen. Das Planen in der stillen Kammer und Ihre Mitarbeiter vor vollendete Tatsachen zu stellen, funktioniert nicht. Ihre Mitarbeiter kennen am besten die Probleme an ihrem Arbeitsplatz. Oft sind es Dinge, die man von außen gar nicht so wahrnimmt.

Nicht nur in der Analyse- und Planungsphase stellt die Kommunikation mit den Mitarbeitern ein wichtiges Thema dar, sondern auch in der Umsetzung. Die Höhe Ihrer Teilnehmerzahlen und –quoten hängt neben der guten Ausarbeitung und Abstimmung auf die Bedürfnisse der Mitarbeiter direkt von der Kommunikation ab. Wenn Ihre Mitarbeiter nicht über die umgesetzten Maßnahmen ausreichend informiert sind, können Sie auch nicht daran teilnehmen. Dabei sollten Sie vor allem für Mitarbeiter, die sehr schwer erreichbar sind, (z.B. Außendienst- oder Produktionsmitarbeiter) ein Kommunikationskonzept überlegen, wie diese auch alle Aktivitäten mitbekommen. Bei den Außendienstmitarbeitern wäre es zum Beispiel eine Möglichkeit, falls es ein wöchentliches Meeting gibt, in diesem die Gesundheitsaktivitäten anzusprechen. Deswegen ist es auch so wichtig, dass alle Führungskräfte sehr eingebunden werden, weil diese die Informationen auch weitertragen können.

➔ **Kontinuierliche Arbeit** (nicht einmalig Riesenaktion)
Es fiel bereits der Satz „Betriebliche Gesundheitsförderung ist kein Sprint, sondern ein Marathon“. Rufen Sie sich diesen Satz immer wieder in Erinnerung! Der Effekt von einer einmaligen Riesenaktion verpufft nach wenigen Wochen. Nachhaltig immer wiederkehrende Impulse sichern dafür

Ihren langfristigen Erfolg. Anhand der verschiedenen Maßnahmen haben Sie bereits gesehen, welche Fülle von Aktivitäten es gibt, die Sie umsetzen können. Sie können ohnehin nicht alles am Anfang auf einmal umsetzen. Setzen Sie deswegen Prioritäten und versuchen Sie nach und nach, den Mitarbeitern immer wieder Impulse zu geben. In der betrieblichen Gesundheitsförderung brauchen Sie einen langen Atem und Durchhaltevermögen. Den ganzen Prozess am Anfang anzuschieben, braucht viel Kraft und es wird auch zwischendurch Durchhänger geben. Mit viel Ausdauer werden Sie diese Phasen auch überwinden!

Gesundheit entsteht nicht von heute auf morgen – es sind viele kleine Schritte. Jeder Mitarbeiter, der sich ein bisschen mehr bewegt oder ein wenig mehr auf seine Ernährung achtet, ist bereits ein Gewinn! Alleine, dass Sie an diese Stelle des Buches vorgedrungen sind, zeigt, dass Sie viel Ausdauer besitzen und Sie das Thema wirklich interessiert. 97% haben bereits aufgegeben. Weil Sie bis zu dieser Textpassage gekommen sind, werden Sie es schaffen, die Betriebliche Gesundheitsförderung nachhaltig in Ihrem Unternehmen zu integrieren.

Die Belohnung ist, dass Sie Ihren Mitarbeitern wertvolle Impulse geben und dadurch das Leben von ihnen nachhaltig gesünder machen. Außerdem belohnen Sie noch mit der Zeit hohe Teilnehmerzahlen und Freudenwellen von Ihren Mitarbeitern, wenn es wieder neue Aktionen gibt. Bis dahin ist es aber ein langer Weg! Wenn Sie zwischendurch einmal einen Durchhänger haben, dann rufen Sie sich den eingangs erwähnten Satz in Erinnerung. Und egal was passiert: Wir glauben an Sie!

➔ **Erfinden Sie das Rad nicht neu**

Setzen Sie auf bewährte Dinge, die schon tausend Mal funktioniert haben! Sie sind nicht die erste Firma, die mit der betrieblichen Gesundheitsförderung gestartet hat. Greifen Sie auf diesen großen Erfahrungsschatz von anderen Unternehmen zurück. Im Kapitel *„Wie startet man am besten mit der BGF“* haben Sie bereits Möglichkeiten kennengelernt, wie Sie es schaffen, mit anderen BGF-Verantwortlichen in Kontakt zu treten. Der Austausch ist sehr wichtig. So schaffen Sie es, dass Sie Ihre Betriebliche Gesundheitsförderung kontinuierlich weiterverbessern können. Setzen Sie also auf Dinge, die sich bereits bewährt haben. Behalten Sie aber dennoch Ihren Innovationsgeist und probieren Sie immer wieder neue Dinge aus. Gerade am Anfang geht man anders an Dinge heran und hat neue, innovative Lösungsansätze, die die Würze in Ihrer betrieblichen Gesundheitsförderung sind!

Best Practice in der betrieblichen Gesundheitsförderung *(15 Praxisbeispiele)*

Was bieten andere Firmen ihren Mitarbeitern so? Wir haben uns für Sie auf die Suche begeben, um Vorzeigefirmen aus der ganzen Welt zusammenzusuchen und herauszufinden, was diese ihren Mitarbeitern bieten. Lernen Sie von den Besten!

Walt Disney | ein Vorreiter seiner Zeit

Bereits 1930 gab es einen Vorreiter, wenn es um die Mitarbeitergesundheit und -zufriedenheit ging: Walt Disney! Er wollte die besten Architekten und Designer zusammenbringen und bot ihnen einiges. Unter anderem eine Klimaanlage (was zur damaligen Zeit einmalig war), lud immer wieder interessante Persönlichkeiten für Vorträge ein und es gab sogar einen eigenen Firmengolfplatz. Alles damit die Mitarbeiter ihre volle Kreativität entfalten konnten und gesund sind.

Walt Disney war also einer der Ersten, der sich mit dem Thema beschäftigt hat. Doch welche aktuellen BGF-Beispiele gibt es auf der ganzen Welt? Wir haben insgesamt 15 für Sie!

Google | Nicht nur die Nummer 1 bei Suchmaschinen!?

Google – das Vorzeigebeispiel Nummer 1 aus dem Silicon Valley! Für Google zählen nur die besten Mitarbeiter und dabei steht es in direkter Konkurrenz mit anderen finanzkräftigen Tech-Giganten. Deswegen muss Google seinen Mitarbeitern ordentlich etwas bieten.

Um Ihnen zu zeigen, in welchen Genuss von Aktivitäten und Einrichtungen die Google Mitarbeiter kommen, fangen wir mit einer kleinen Führung über das Firmengelände an: Google bietet den 20.000 Mitarbeitern im Headquarter Googleplex nämlich einiges.

7 Fitnessstudios, ca. 30 Restaurants, eine Kletterwand, eine Bowlingbahn und einen Beachvolleyballplatz. Darüber hinaus gibt es noch von Mitarbeitern gepflegte Kräuter- und Gemüsegärten. Für Nickerchen finden Angestellte Entspannungsecken und wer auch einmal analog arbeiten möchte, für den gibt es eine Werkstatt mit sündhaft teuren Geräten, wo man schweißen, sägen und bohren kann (übrigens darf man dort erst nach Ablegen einer Prüfung hinein).

Google will, dass die Mitarbeiter den Arbeitsplatz nicht verlassen müssen, deswegen gibt es auch einen Friseur, Masseure, Psychologen, Ärzte oder man kann sein Auto auch zum Service bringen.

Nun haben Sie bereits einen Einblick gewonnen, wie viel Google den Mitarbeitern am Arbeitsplatz bietet. Laut eigenen Angaben will Google nämlich die glücklichste und gesündeste Belegschaft der Welt haben. Manchmal ist das trotz der ganzen Annehmlichkeiten gar nicht so einfach. Die Googler erhalten nämlich rund um die Uhr kostenloses Essen. Außerdem gibt es über den ganzen Campus verteilt etliche Microkitchens, wo man sich Kaffee zubereiten kann und auf einen volle Kühlschränke warten. So entstand auch die berühmte Bezeichnung **„Google 15"**. Dieser Ausdruck beschreibt die 15 Pfund, die man als neuer Mitarbeiter innerhalb der ersten Wochen zunimmt.

Wie schaffte es Google nun also, dass sich die Mitarbeiter trotz dieses enormen Angebotes gesund und mit Maß ernähren? Google bediente sich einiger psychologischer Tricks, um seine Mitarbeiter positiv zu beeinflussen. Was als Erstes auffällt: Alles was gesund ist, wird im Vordergrund inszeniert (wie die Salatbar). Süßigkeiten muss man ziemlich suchen und sie werden nicht offen präsentiert.

Weiter geht es bei den Tellern: Das Küchenteam ersetzte diese durch kleinere, weil man sich so automatisch kleinere Portionen anrichtet.

Ins Auge sticht außerdem noch etwas anderes Besonderes: Alle Speisen sind mit einem **Ampelsystem** markiert. Produkte mit einem grünen Punkt kann man jederzeit essen, gelbe gelegentlich und rote sollte man eher selten zu sich nehmen. Dieses System beeinflusst die Mitarbeiter in der Entscheidungsfindung stark in eine gesunde Richtung.

Nach einem gesunden Essen folgt nun Bewegung. Auch während der Bewegung kann man mit Kollegen motiviert an Projekten arbeiten. Auf einem **Konferenzfahrrad** zum Beispiel nehmen bis zu 7 Personen Platz. Der Blick ist dabei nach innen gerichtet und so können bei einer kleinen Radtour und viel frischer Luft neue Ideen gesammelt werden.

Nach einem produktiven Projektmeeting am Fahrrad geht es weiter zu einen der beliebten Vorträge. Interessiert Sie vielleicht Stressmanagement oder die richtigen Verhandlungstechniken? Google hat das richtige Angebot für Sie! Diese Vorträge und Kurse hält doch nicht irgendwer, sondern Stars wie Barack Obama, Hillary Clinton, Lady Gaga oder David Beckham. Bei diesen Celebritys braucht es bei den Mitarbeitern keine großartige Motivation mehr, um an den Veranstaltungen teilzunehmen!

Sie sehen, Google bietet seinen Mitarbeitern sehr viel. Lady Gaga wird bei Ihnen vielleicht keinen Kurs in der Firma halten, vielleicht finden Sie jedoch andere Zugpferde, die Ihre Mitarbeiter begeistern können. Alle Firmen mit Kantinen sollten auf jeden Fall das Ampelsystem diskutieren und sich Gedanken über möglicherweise kleinere Teller machen. Den Vergleich zwischen einer deutschen Kantine und dem Google Headquarter mit den anschließenden

Tipps, wie bei Google alles aufgebaut ist, gibt es in der Frankfurter Allgemeinen[4]. Was sagen Sie zum ausgeklügelten System von Google? Welche Punkte könnten auch bei Ihnen erfolgreich sein?

Facebook (Lyra hilft!)

Facebook ist ein weiterer dominierender Globalplayer aus dem Silicon Valley. Welche Besonderheiten im Gesundheitsprogramm bietet dieses Unternehmen den Mitarbeitern? Wir haben für Sie direkt einen Mitarbeiter von Facebook interviewt und ihm ein paar spannende Informationen entlocken können, die auch für Ihr Unternehmen interessant sind!

Folgende Besonderheiten gibt es allgemein bei Facebook:

- ➔ Ein wichtiges Basiselement für einen attraktiven Arbeitgeber in Amerika ist die Krankenversicherung – in Deutschland, in Österreich und in der Schweiz müssen wir uns dazu keine Gedanken machen. Auch bei Facebook gibt es deswegen eine umfangreiche Krankenversicherung, damit die Mitarbeiter geschützt sind
- ➔ Als Praktikant verdient man bei Facebook bereits 7000 Dollar pro Monat
- ➔ Für frischgebackene Eltern gibt es vier Monate Elternurlaub (bei uns besser bekannt als Karenz) und eine Kinderbetreuung für Notfälle, falls das Kind krank wird
- ➔ Facebook bietet den Mitarbeiter außerdem 3 Mal kostenlos Essen am Tag. Eine Besonderheit dabei: Familien können auch zum Essen mitgenommen werden

---

[4] Frankfurter Allgemeine: „Wie Google das Gewicht seiner Mitarbeiter kontrolliert" (http://bit.ly/faz-google)

- ➔ Mitarbeiter müssen nicht in Großraumbüros arbeiten, sondern können das am ganzen Campus tun
- ➔ Ein gratis Fitnessstudio gibt es natürlich auch

<u>Und nun zu den Besonderheiten im Gesundheitsprogramm:</u>

- ➔ **720$-Budget für Wellness- und Sportangebote**
  Für jeden Mitarbeiter gibt es ein 720 Dollar-Budget für Wellness- und Sportangebote komplett zur freien Verfügung! Dieses Geld kann zum Beispiel für Massagen, Ausflüge, verschiedene Sportarten, Segeln, Bungee Jumping oder eine Heißluftballonfahrt genutzt werden. Außerdem ist der Kauf von Fitnessequipment, einer Apple Watch, Fitnesstracker, Fahrräder, Ski, Sportbekleidung oder Nahrungsergänzungsmitteln möglich.
- ➔ **Umfangreiches Mental Health-Programm**
  Die mentale Verfassung der Mitarbeiter ist Facebook wichtig. Deswegen gibt es ein sehr umfangreiches Programm, um Depressionen, Ängste oder Stress professionell behandeln zu lassen. Im Gesundheitsprogramm stehen jedem Mitarbeiter bis zu **25 gratis Therapieeinheiten** im Jahr zu. Diese Einheiten können auch von der Ehefrau / dem Ehemann bzw. den Kindern (bis 26 Jahre) in Anspruch genommen werden.

  Die Überschrift im Gesundheitsprogramm von Facebook zur psychischen Gesundheit lautet **„Support, resources and a good listener are just a call away"** – darunter befindet sich der begleitende Satz *„egal ob ein Familienmitglied krank ist, du einen Verlust in der Familie hast, Stress bei der Arbeit, du in einem neuen Land lebst oder deine Kinder groß ziehst, Lyra Mental Health hilft…"*. Im Programm bekommt man einen

24 / 7-Support. Die Mitarbeiter nehmen die Einheiten entweder direkt vor Ort oder per Live Video in Anspruch. Dabei wird auf ein umfangreiches Netzwerk aus Experten zurückgegriffen, die über die traditionellen Versicherungen nicht verfügbar sind.

➔ Nach dem gleichen System wie bei der psychischen Gesundheit kann man als Facebook Mitarbeiter auch bis zu 25 Ernährungsberatungseinheiten pro Jahr in Anspruch nehmen
➔ Das Unternehmen bietet außerdem kostenlose Vor-Ort-Impfungen oder zahnärztliche Kontrollen an
➔ Weiters kann jederzeit ein Experte angefordert werden, der den Arbeitsplatz ergonomisch anpasst

Die größten Auffälligkeiten beim Gesundheitsprogramm von Facebook sind sicherlich der 720 Dollar-Bonus für sportliche Aktivitäten und das umfangreiche Mental Health-Programm Lyra. Doch auch unscheinbare Dinge wie Vor-Ort-Impfungen könnten für Ihr Unternehmen interessant sein. Wie wäre es mit einer Impfaktion oder einer Hautkrebsmessung direkt bei Ihnen im Betrieb?

Daimler | Umgang mit E-Mails

Auch Daimler bzw. der deutschen Autoindustrie ist die Gesundheit der Mitarbeiter wichtig. Neben dem besonderen Umgang mit E-Mails gibt es einen Bonus, der nicht ganz unumstritten ist.

200€ Bonus für Nichtfehlen

Eine Belohnung, wenn man das ganze Jahr über gesund ist? Die gibt es und zwar bei Daimler! Wenn man das ganze Jahr keinen Krankheitstag hat, bekommt man 200€ zusätzlich auf sein Konto.

Ließe man das Programm jetzt so unkommentiert ohne Details stehen, denkt man sich im ersten Augenblick „Coole Idee", einen Moment später aber „Da schleppen sich die Mitarbeiter mit einer noch größeren Wahrscheinlichkeit krank in die Arbeit".

Die Gesundheitsverantwortlichen von Daimler überlegten sich aber dazu wichtige Details, wie dieser Art von Bonus funktionieren kann. Aufgeteilt ist der Bonus in die Quartale. Pro Quartal ohne Krankheitstag bekommt man 50€. Bei einem Krankheitstag im Quartal immerhin noch 30€. Begleitet wird der Bonus von umfangreichen betriebsärztlichen Untersuchungen, die sehr gut angenommen wurden. Unter anderem gibt es Beratungen zu Raucherentwöhnungsprogrammen, Ernährungsfragen oder zum ergonomischen Arbeiten. In Kombination mit diesen Angeboten kann der Bonus Sinn machen, weil dann eine höhere Motivation entsteht, diese Dinge wirklich in Anspruch zu nehmen. Der Großteil davon passierte nämlich in der Arbeitszeit.

Ein weiteres wichtiges Detail noch am Rande: In der deutschen Autoindustrie gibt es allgemein sehr hohe Boni. 2017 gab es für die 130.000 tariflichen Mitarbeiter von Daimler einen Bonus von bis zu 5.700€. Vergleicht man den 200€-Gesundheitsbonus damit, wirkt dieser relativ klein. Durch den Bonus löst man im Mitarbeiter jedoch eine sehr hohe Motivation aus, sich wirklich einmal gesundheitlich durchchecken und beraten zu lassen. 200€ lässt keiner gerne liegen und nachdem man den Großteil der Angebote in der Arbeitszeit direkt im Betrieb in Anspruch nehmen kann, entsteht in jedem Mitarbeiter ein innerer Impuls, allem doch einmal eine Chance zu geben.

Ein 200€-Gesundheitsbonus macht also nur in der Kombination mit einem umfangreichen ärztlichen Untersuchungs- und

Beratungsangebot Sinn. Daimler testete den Bonus vor der Einführung 2 Jahre lang und hat wahrscheinlich handfeste Gründe gehabt, warum sie diesen im ganzen Konzern eingeführt haben.

Der Umgang mit E-Mails in der deutschen Automobilindustrie
Keine Branche legt so viel Wert, auf den richtigen Umgang mit E-Mails wie die deutsche Automobilindustrie. Egal ob Daimler, BMW oder VW – alle unterstützen ihre Mitarbeiter dahingehend nach Feierabend, wirklich Feierabend zu machen.

Bei Daimler gibt es die Möglichkeit, dass E-Mails im Urlaub automatisch gelöscht werden. Sie kennen es wahrscheinlich selbst: Man kommt von einer oder zwei Wochen Urlaub total entspannt ins Büro zurück – spätestens zu Mittag ist man jedoch wieder total gestresst, weil man noch einen Berg an E-Mails abarbeiten muss, der sich in der Urlaubszeit angesammelt hat. Daimler beugt dem vor, indem der Absender eine Abwesenheitsnotiz mit den Kontaktdaten des Vertreters bekommt. Die eigentliche E-Mail wird gelöscht. Wer diese Möglichkeit nutzt, wird übrigens nicht mitprotokolliert. Deswegen gibt es auch keine genauen Zahlen, wie viel Mitarbeiter es im Unternehmen nutzen.

Der deutsche Autobauer aus Wolfsburg – **Volkswagen** – geht noch einen Schritt weiter. Dort erhalten Mitarbeiter nach Feierabend, am Wochenende und im Urlaub keine E-Mails auf ihr Diensthandy. 30 Minuten nach Dienstende kommen keine E-Mails mehr auf das Handy und ebenfalls 30 Minuten vor Dienstbeginn fährt die Kommunikation zwischen den Servern und den Diensthandys erst wieder hoch. Wichtiges Detail am Rande: „Diesen Schutz" genießen nur tarifliche Mitarbeiter. Von außertariflichen Mitarbeitern wie Führungskräften oder Managern erwartet die Konzernleitung, dass ihnen zugemutet werden kann, auch noch am Abend E-Mails zu beantworten.

Bei **BMW** gibt es für Büromitarbeiter ebenfalls ein Recht auf „Unerreichbarkeit nach Feierabend". Ständige Erreichbarkeit stellt eine große Gefahrenquelle für ein Burnout da, weil die Beschäftigten das Gefühl haben, ständig erreichbar sein zu müssen und auch in ihrer Freizeit nicht mehr abschalten können. BMW bietet außerdem noch die Möglichkeit, Mobilarbeitszeit am Handy ins Arbeitszeitkonto einzutragen, um diese Stunden für einen Zeitausgleich nutzen zu können und somit nicht unbezahlt in der Freizeit zu arbeiten.

Was gibt es sonst noch in der Welt von Daimler?

Zurück zu Daimler. Im Gesundheitsprogramm des deutschen Autobauers haben Sie nun schon den 200€ Bonus für keine Krankheitstage und den Umgang mit den E-Mails kennengelernt. Darüber hinaus gibt es noch zwei interessante Dinge, die ins Auge stechen.

In Stuttgart im Konzernhauptquartier gibt es die Daimler Sportwelt in unmittelbarer Nähe zum Arbeitsplatz. Das Gebäude beinhaltet 4 Gymnastikräume und eine große Mehrzweckhalle, die in zwei Hallen aufgeteilt werden kann. Neben einem Fitnessstudio bieten die Stuttgarter ihren Mitarbeitern über 30 Sportarten an. Das Unternehmen nutzt die Daimler Sportwelt außerdem für Tagungen und Seminare, um wie sie es selbst auf der Homepage bezeichnen, „durch Sporteinheiten in der Sporthalle, im Fitness-Studio oder in den Gymnastikräumen den Mitarbeitern mehr Bewegung im anstrengenden Tagesablauf zu ermöglichen".

Doch nicht nur in der Firmenzentrale in Stuttgart legt der Autobauer Wert auf die Gesundheit seiner Mitarbeiter, sondern auch an den anderen Standorten. Gemeinsam mit der Daimler BKK, der größten unternehmensbezogenen Krankenkasse mit über 298.000 Versicherten, belohnt das Unternehmen Werke und Niederlassungen für Ihr Engagement und die Zielerreichung in der betrieblichen Gesundheitsförderung. 45 Standorte nehmen jährlich teil und profitieren dann von Beratungs- und Finanzdienstleistungen. Der letzte Punkt ist dabei besonders interessant. Bei Zielerreichung bekommen die Standorte Bonuszahlungen, die direkt wieder für weitere Aktionen und Maßnahmen in der betrieblichen Gesundheitsförderung verwendet werden. Die Daimler BKK schüttet so jährlich bis zu 1 Million Euro aus.

Sie sehen Daimler ist ein Vorbild in der betrieblichen Gesundheitsförderung, von dem man sich einiges abschauen kann! Noch ein interessanter Aspekt zum Schluss: Alle Kennzahlen zur Gesundheitsförderung findet man auf der Website des Stuttgarter Autobauers. Hier findet man Zahlen zu durchgeführten Sprechstunden, arbeitsmedizinischen Vorsorgen, Impfungen oder BGF Veranstaltungen. Was sind also Ihre Learnings aus dem betrieblichen Gesundheitsmanagement von Daimler?

Laufband fürs Büro (Gehschreibtisch)

Mit einem besonderen Best Practice-Beispiel geht es nun weiter. Es handelt nicht von einer konkreten Firma, sondern von einer Möglichkeit, von der immer mehr Firmen Gebrauch machen. Der menschliche Körper wurde dazu konzipiert, bewegt zu werden. Immer mehr Bürojobs erschweren es, sein Bewegungspensum auszufüllen. Die dadurch entstehenden sitzbedingten Krankheiten wie Diabetes, Herzprobleme oder Muskelschwund sind nur die Spitze des Eisberges.

Dies war auch der Grund, warum wir Corpus Motum gestartet haben. Einfache Lösungen und Übungen direkt auf den Büroalltag abgestimmt, sollen helfen die typischen Büroprobleme vorzubeugen. Ergänzend dazu gibt es für Ihre Büromitarbeiter noch eine weitere wertvolle Lösung – und zwar: Einen Gehschreibtisch!

Unternehmen setzen bereits immer mehr auf Stehschreibtische, was ein sehr wichtiger Schritt in die richtige Richtung ist. Doch bei Stehschreibtischen gibt es das gleiche Problem wie bei herkömmlichen Schreibtischen. Man verbringt einen großen Teil des Tages in der gleichen Position und fordert das Herz-Kreislauf-System zu wenig.

Ein Gehschreibtisch ist eine Kombination aus einem Stehschreibtisch mit einem Laufband. Mit diesem Schreibtisch haben Sie die Möglichkeit, dass Sie sich trotz Computerarbeit dabei bewegen können.

Der Gehschreibtisch in der Praxis mit all seinen Vorteilen

Die mangelnde Bewegung ist das größte Manko bei einem Bürojob. Der Gehschreibtisch hat das Potential, dieses zu lösen. Mit diesem Schreibtisch verbrennen Sie pro Stunde 100 Kilokalorien. Ihr Herz-Kreislauf-System wird gefordert, es regt die Kreativität an, hilft beim Abnehmen und gegen Rückenschmerzen. Wer im Gehen arbeitet, ist außerdem psychisch belastbarer und kann besser mit Stress umgehen.

Studien zeigen, dass das optimale Wohlfühltempo zwischen 1,6 und 3,2 km/h liegt – zu schnelles oder zu langsames gehen, beeinflusst die Tippgeschwindigkeit. Und damit sind wir schon beim wichtigsten Punkt bzw. einen möglichen großen Nachteil, der gegen einen Gehschreibtisch sprechen würde: Beeinflusst der Gehschreibtisch die Produktivität der Mitarbeiter?

Zu diesem Thema findet man mehr Studien, als man denkt. Die meisten davon untersuchen zwar nur einen kürzeren Zeitraum, zwei Studien gibt es aber, die sich über ein ganzes Jahr lang mit den Auswirkungen auf die **Produktivität** beschäftigt haben. Die Studientitel *„The effect of active workstation use on measures of cognition, attention, and motor skill"* und *"Treadmill desks: A 1-year prospective trial"* versprechen einiges und beschäftigen sich genau damit, was uns interessiert. Ein Forscher der berühmten Mayo Klinik war übrigens Teil des Teams von letzterer Studie. Der Inhalt ist für Sie und Ihre Kollegen im Gesundheitsteam spannend. In den ersten 3 bis 5 Monaten gab es nämlich tatsächlich einen leichten Rückgang der Produktivität. Nach 12 Monaten hat sich dieser Effekt jedoch umgekehrt – da lag die Arbeitsleistung leicht über dem Ausgangswert.

Zusammengefasst heißt das, dass der Gehschreibtisch viele Vorteile mit sich bringt. Das größte Manko im Büro, eine zu geringe Belastung des Herz-Kreislauf-Systems, merzt dieser aus. Außerdem erhöht sich der Kalorienverbrauch und die Bewegung unterstützt die Mitarbeiter bei Rückenleiden.

Zahlen rund um den Gehschreibtisch

Am Anfang erreicht man ziemlich schnell sein Erschöpfungslevel. Nach einigen Tagen bzw. nur wenigen Wochen ist es jedoch kein Problem mehr, mehrere Stunden im Gehen zu arbeiten. Die Büroarbeit 2 bis 4 Stunden pro Tag im Gehen zu erledigen, sollte das Ziel sein.

Diese geringe Zeitinvestition – vor allem, weil diese Zeit nirgends fehlt – verursacht enorme Zahlen. Wenn Sie täglich 3 Stunden mit der untersten Wohlfühlgeschwindigkeit von 1,6 km/h im Gehen arbeiten, sind das für Sie zusätzlich über 6.500 zurückgelegte Schritte pro Tag. Bei 4 Stunden mit 3,2 km/h sind es sogar 18.000 Schritte. Hochgerechnet auf ein Jahr mit 200 Arbeitstagen mit den niedrigeren Werten entspricht das über **1,3 Millionen zusätzlichen Schritten**, einer Distanz von **960km** und **60.000 verbrannten Kalorien**. Braucht es noch mehr Argumente, um regelmäßig ein paar Stunden im Gehen zu arbeiten?

Eine Laufband-Workstation kostet um die 1.500€. Je nach Modell und Ausführung gibt es günstigere und teurere Varianten. Wird der Gehschreibtisch regelmäßig genutzt, zahlt sich die Investition auf jeden Fall aus. Eine Möglichkeit, im Unternehmen zu testen, wie der Schreibtisch angenommen wird, ist, den Mitarbeitern ein Testmodell anzubieten. Kommt der Testlauf gut an, können Sie überlegen, ob Sie weitere Gehschreibtische anschaffen wollen. Stellen Sie den Schreibtisch jedoch nicht ohne Kommentar einfach in das Büro, sondern zeigen Sie Ihren Mitarbeitern, welche Vorteile er für sie hat. Sie können Ihren Mitarbeitern auch die oben genannten Zahlen zeigen, damit jeder auf einen Blick erkennt, wie er / sie direkt davon profitiert.

Hier finden Sie noch ein Video über den Gehschreibtisch, wo Sie sich einmal ansehen können, wie die Verwendung in der Praxis aussieht: http://bit.ly/gehschreibtisch

Weitere Best Practice BGF-Beispiele aus der ganzen Welt

Sie haben nun bereits viele spannende Einblicke in andere Unternehmen gewonnen. Nun zeigen wir Ihnen noch weitere Unternehmen aus der ganzen Welt (von Amerika über die Schweiz bis nach Asien), die sich besondere Dinge überlegt haben, um die Gesundheit der Mitarbeiter zu verbessern.

➔ **Evernote**

Das amerikanische Notizenunternehmen bietet seinen Mitarbeitern jeden Dienstag um 15 Uhr Tee und Kaffee von einem echten Barista an – dabei können sich die Mitarbeiter mit den Managern austauschen (der ehemalige CEO Phil Libin war auch immer Bestandteil dieses wöchentlichen Events und bereitete für die Mitarbeiter sogar Kaffee zu). Dieses wöchentliche Ritual schafft eine sehr große Nähe zwischen der Führungsebene und den Mitarbeitern und kann ein wertvolles Instrument zum Austausch im Unternehmen sein.

➔ **WWF**

Der WWF bietet passend zum Unternehmen jeden zweiten Freitag den „Panda Friday“ an. Hier sperrt das gesamte Büro zu und die Mitarbeiter haben so mehr Zeit für ihre Familien und Freizeit.

➔ **Deutsche Post DHL Group**

Die Deutsche Post hat für ihre Führungskräfte ein eigenes Online-Trainingsprogramm kreiert. Dabei geht es in den Lerninhalten sowohl um die eigene als auch um die Gesundheit der Mitarbeiter. Das Online-Trainingsprogramm vereint also das Thema des gesunden Führens mit der Gesundheit jeder einzelnen Führungskraft. Somit versorgt das Unternehmen einflussreiche Multiplikatoren mit wichtigen Gesundheitsinformationen.

➔ **Walter Lauk** (Speditionsunternehmen)

Im Faktor A Arbeitermagazin[5] war eine große Reportage über das Speditionsunternehmen Walter Lauk. Das

---

[5] Faktor A Arbeitermagazin: „Gesunde Mitarbeiter, erfolgreiches Unternehmen“ (http://bit.ly/faktor-a)

Hamburger Unternehmen mit 30 Mitarbeitern setzte nach anfänglichen Startschwierigkeiten ein sehr umfangreiches und vorbildliches Gesundheitsprogramm für die Mitarbeiter um. Dieses Beispiel soll Ihnen vor allem zwei Dinge verdeutlichen: 1. Auch für kleine und mittlere Unternehmen ist die betriebliche Gesundheitsförderung eine wichtige Investition und man sollte seine ausbleibenden Handlungen nicht auf die Unternehmensgröße schieben und 2. dass der Prozess der betrieblichen Gesundheitsförderung wirklich funktioniert.

Was hat das Hamburger Speditionsunternehmen also gemacht? Die Tochter des Geschäftsführers **Melina Lauk** und ebenfalls Mitarbeiterin im Unternehmen war die treibende Kraft im Unternehmen und fand von ihrem Vater volle Unterstützung *(Start – Verteilung der Verantwortlichkeiten – der Startpunkt war gesetzt)*. Sie startete eine Befragung unter den Mitarbeitern mit Fragebögen *(Analysephase)* und bekam hier sehr unerwartete und für das Unternehmen wichtige Antworten. Aufbauend auf den Mitarbeiterbedürfnissen entwickelte sie ein Sport- und Gesundheitskonzept für das Unternehmen *(Planungsphase)*. Nun wurden die Räumlichkeiten im Unternehmen umgestaltet, eine Entspannungsecke eingerichtet, eine große gemeinsame Küche mit einem Essbereich und Umkleidemöglichkeiten mit Duschen. Außerdem initiierte Melina Lauk eine Laufgruppe. Das Unternehmen veranstaltet nun einmal im Monat Kochkurse direkt in der Firma, bietet Ernährungsberatungen an und das ganze Team kocht gemeinsam *(Umsetzungsphase)*.

Vor allem der letzte Punkt sticht sehr heraus: Mehrere Kollegen kochen gemeinsam für das ganze Team. Das ist erstens sehr gesund, weil die Mitarbeiter nicht nebenbei eine Pizza am Arbeitsplatz essen, sondern sich für das Essen Zeit nehmen und zweitens stärkt es extrem das Teamgefüge. Anhand vom Speditionsunternehmen Walter Lauk sieht man, was betriebliche Gesundheitsförderung alles bewirken kann. Am Anfang standen unerfolgreiche Maßnahmen. Nach einer ausgiebigen Analyse entwickelte Melina Lauk ein funktionierendes Gesundheitskonzept genau zugeschnitten auf das Unternehmen und die Mitarbeiterbedürfnisse.

Und noch etwas am Rande: Ihr Vater Jörn Lauk fordert als Geschäftsführer die Mitarbeiter immer wieder persönlich auf, am Gesundheitsprogramm teilzunehmen. Hier sehen Sie in der Praxis wie gesundes Führen und die richtige Kommunikation funktionieren.

➔ **Huawei** (Wie ist die Laune der Kollegen?)
Der chinesische Handyhersteller Huawei hat in der Megametropole Shenzhen mit 12,4 Millionen Einwohnern in seiner Produktion eine ganz besondere Tafel. Auf ihr sieht man Mitarbeiterkärtchen, auf denen die Mitarbeiter die aktuelle Stimmungslage markieren. Dazu gibt es einen lachenden, einen traurigen und einen neutralen Smiley. So sehen die Mitarbeiter, für welchen Kollegen sie heute besonders da sein sollten bzw. bei gewissen Kollegen weiß man dann, dass diese heute lieber nicht angesprochen werden wollen.

➔ **Schweizerische Post**
Nicht nur die Deutsche Post, sondern auch die Schweizer

Post hat ein umfangreiches Gesundheitsprogramm. Eine Maßnahme dabei ist besonders ins Auge gestochen: Für Auszubildende gibt es einen Raucherpass. Mit diesem verpflichtet man sich, keine Tabakprodukte sowohl in der Arbeit als auch in der Freizeit zu konsumieren. Pro Semester gibt es als Belohnung 150 Franken. Am Ende der Ausbildung bekommt man den gesamten Betrag gut geschrieben. Bricht man das Programm ab, verfällt der Betrag. Bei einer Ausbildungsdauer von 4 Jahren profitiert man so zusätzlich von einem Bonus von 1200 Franken. Vor allem jüngere Mitarbeiter neigen dazu, zur Zigarette zu greifen. Dieses Programms liefert eine wertvolle Intervention in einer kritischen Lebensphase, was das Rauchen anbelangt. Die Teilnehmer dieses Programm werden mit einer hohen Wahrscheinlichkeit auch später nicht zum Glimmstängel greifen.

➔ **Basecamp**

Das Unternehmen Basecamp mit rund 50 Mitarbeitern aus Chicago ist ein Vorreiter, wenn es um die Arbeitszeiten geht. Vor allem kleinere Unternehmen wie Basecamp haben Probleme mit den umfassenden Leistungen der großen IT-Konzerne wie Google zu konkurrieren. Ein besonderes Goodie, das die Mitarbeiter von Basecamp erhalten, ist deswegen eine reduzierte Arbeitszeit im Sommer! In den Sommermonaten verbringen die Mitarbeiter dann nur 32 Stunden bzw. 4 Tage pro Woche im Unternehmen. Die restliche Zeit können sie voll und ganz den Sommer genießen. Diese kleine „Teilauszeit" hilft den Mitarbeitern Kraft zu tanken, damit Sie das restliche Jahr in der Normalarbeitszeit wieder die volle Leistung für das Unternehmen erbringen können.

➔ **Piala Inc.** (Rauchpausen auf Japanisch)
Von Amerika geht es nach Asien – genauer gesagt nach Japan. SRF[6] berichtete in einem spannenden Bericht über die japanische Gesundheitskultur und einen besonderen Fall: Die Büros des japanischen Marketingunternehmen Piala Inc. liegen nämlich im 29. Stock. Raucher verlieren deswegen pro Zigarette bis zu 15 Minuten Arbeitszeit. Die Diskussion, ob Rauchpausen Arbeitszeit sind oder nicht, spaltet regelmäßig ganze Unternehmen in zwei Lager auf. Auch in Japan intervenierte ein Mitarbeiter. Nachdem die Japaner ein sehr hohes Harmoniebedürfnis haben, überlegte sich der CEO Takao Asuka folgende Regelung: Nichtraucher und Mitarbeiter, die seit einem Jahr auf Zigaretten verzichtet haben, erhalten 6 zusätzliche Urlaubstage, um einen Ausgleich zu den zusätzlichen Rauchpausen zu schaffen. Die Philosophie des japanischen Unternehmens: „Man bewegt die Mitarbeiter durch Anreize zum Nichtrauchen, statt sie zu bestrafen".

➔ **Rajio Taiso** (Radio Sport Übung)
Schon einmal von Rajio Taiso gehört oder live erlebt? Das nächste Beispiel betrifft nicht ein einzelnes Unternehmen, sondern gleich ein ganzes Land. Die Japaner vereinen Innovation mit Tradition. Sie haben bei Rauchpausen einen modernen innovativen Ansatz und sind bei der Bewegung ein sehr traditionelles Land. Der japanische Morgensport verzeichnet eine sehr lange Tradition. In Betrieben, an Schulen und auf öffentlichen Plätzen wir gemeinsam jeden Tag am Morgen Sport gemacht. Wäre das auch etwas für Ihr

---

[6] SRF: „Japans Gesundheitsförderung ist voller Widersprüche" (http://bit.ly/srf-japan)

Unternehmen? Der Vorteil ist, man schafft sich im Unternehmen eine feste Routine und startet gemeinsam mit voller Energie in den Tag. Durch die kurze Bewegungseinheit am Morgen spart man sich auch den ein oder anderen Kaffee.

Sie haben nun 15 Best Practice-Beispiele aus der ganzen Welt kennengelernt. Welche Dinge können Sie davon auf Ihr Unternehmen anwenden? Welche Ansätze haben Ihnen besonders gefallen? War es das Mental Health Programm von Facebook, die ausgeklügelten psychologischen Kantinentricks von Google, der 200€-Gesundheitsbonus von Daimler oder doch das kleine Hamburger Speditionsunternehmen Walter Lauk? Jetzt, wo Sie einen Überblick gewonnen haben, können Sie noch einmal alles überfliegen, um die besten Maßnahmen für Ihr Unternehmen herauszupicken! Vielleicht löst der ein oder andere Ansatz genau ein Problem, das Sie auch haben.

Wirksamkeit der betrieblichen Gesundheitsförderung *(Studien)*

Sie verfügen nun über das nötige Know-how und genug Wissen, wie es andere Firmen machen, um mit der betrieblichen Gesundheitsförderung zu starten. Vielleicht müssen Sie nun noch jemanden mit ins Boot holen. Deswegen finden Sie im letzten Kapitel noch ein paar Zahlen, damit Sie die Wichtigkeit der betrieblichen Gesundheitsförderung auch in Ihrem Unternehmen untermauern können:

➔ **Gesundheitliche Auswirkungen** *(am Beispiel von Nackenschmerzen)*
18% der britischen Bevölkerung (18 bis 75 Jahre) haben in einem Beobachtungszeitraum von einem Jahr Nackenschmerzen. Bei Bürokräften liegt der Wert sogar zwischen **36 und 58 Prozent**!

➔ **Wirkung der betrieblichen Gesundheitsförderung**
Der Effekt wurde durch den iga.Report 28 sehr untermauert. Unter anderem war darin zu lesen: „Die im iga.Report 28 berücksichtigten Studien deuteten darauf hin, dass Maßnahmen der betrieblichen Gesundheitsförderung einerseits zu einer Reduktion von Krankheitskosten um durchschnittlich **26 Prozent** führen. Auf der anderen Seite wurden die krankheitsbedingten Fehlzeiten um durchschnittlich **27 Prozent** verringert."

Der iga.Report 28 fasst wissenschaftliche Literatur aus den Jahren 2006 bis 2012 zusammen und gibt einen Überblick über den Nutzen der betrieblichen Gesundheitsförderung.

➔ **Aufbau und Inhalt von Gesundheitsprogramm**
Der iga.Report 28 hat außerdem die verschiedenen Elemente

von Gesundheitsprogrammen untersucht und welche besonders effektiv sind: „Den größten präventiven Nutzen versprechen nach wie vor körperliche Übungs- und Kräftigungsprogramme, mit deren Hilfe Erkrankungen des Muskel-Skelett-Systems und Fehlzeiten am Arbeitsplatz reduziert werden können. Dabei scheint insbesondere die kontinuierliche und regelmäßige Weiterführung des Programms über einen längeren Zeitraum von Bedeutung zu sein."

Daraus sehen Sie für Ihr Unternehmen, dass vor allem eine kontinuierliche und regelmäßige betriebliche Gesundheitsförderung wichtig für Ihr Unternehmen ist.

Der Return on Investment wird je nach Quelle und Unternehmen mit 2 bis 10 angeben. Das bedeutet, jeden Euro, den Sie in die Gesundheit Ihrer Mitarbeiter investieren, bekommen Sie mehrfach zurück. BGF zahlt sich auf alle Fälle aus!

Weitere Quellen für das Buch: Netzwerk BGF, iga.Report 28, Deutsches Bundesministerium für Gesundheit

Schlusswort

Sie haben nun das grundlegende Wissen für die betriebliche Gesundheitsförderung erhalten. Fangen Sie nun an! Bringen Sie den Prozess ins Laufen bzw. setzen Sie den neuen Input in Ihrem bestehenden Prozess um.

Ich hoffe, Ihnen hat das Buch weitergeholfen und einen guten umfassenden und praxisnahen Einblick in die betriebliche Gesundheitsförderung gegeben. Sie haben nun schon viel von uns erfahren, wir möchten aber auch Sie gerne kennenlernen: Geben Sie uns zu diesem Buch Ihr Feedback durch eine Bewertung auf Amazon. Mit der Bewertung helfen Sie nicht nur den anderen Gesundheitsverantwortlichen in anderen Unternehmen, sondern profitieren auch von der Lesereichweite des Buches. Je mehr Leute dieses Buch lesen, desto höher ist die Wahrscheinlichkeit, dass wir Ihnen Ihren persönlichen Tandempartner für die betriebliche Gesundheitsförderung vermitteln können. Also: Gehen Sie kurz auf Amazon und hinterlassen Sie Ihre Bewertung – wir sind schon gespannt auf Ihr Feedback!

Wir wünschen Ihnen viel Erfolg in der betrieblichen Gesundheitsförderung und unterstützen Sie gerne bei Ihrem nächsten Gesundheitstag oder bei einem Workshop in Ihrem Unternehmen! Alle Informationen dazu finden Sie unter: www.corpusmotum.com/business

Printed in Poland
by Amazon Fulfillment
Poland Sp. z o.o., Wrocław

66245142R00047